京都、
なじみのカウンターで
京都を愉しむ
太田和彦
淡交社

京都、なじみのカウンターで　目次

風格があって庶民的、良心価格の絶品料理。「酒場の世界遺産」と人は呼ぶ。――神馬

「おこしやす」。
ああ、「日本三大美人白割烹着おかみ」よ。――めなみ

花街祇園の小路の奥で粋な遊びを真似てみる。
——祇園きたざと

聖地の格を護る常連客騎士団。その役目は次代へと受け継がれてゆく。——赤垣屋

写真　太田和彦
ブックデザイン　横須賀 拓
※本文に記載された情報は著者取材時
（二〇一四年十月〜二〇一五年三月）
のものです。

神馬　文化遺産の風格

千本中立売《せんぼんなかだちうり》。京都に住まない人にこの地名はあまりぴんと来ないかもしれない。北野天満宮に近く、京都で最も古い花街・上七軒《かみしちけん》は隣。一帯の西陣は織物の町で機織《はたお》りが栄え、近くの太秦《うずまさ》は戦後、東映撮影所の昼夜を問わない時代劇撮影が続いた。

ここにある居酒屋「神馬《しんめ》」は昭和九年創業、昭和十二年に今の場所のこの家に越したが、入った家は大正天皇即位御大典で表の道を拡げるために曳き家したという、つまり大正以前からの古建築だった。通りに面した蔵造りは上の白漆喰に鏝《こて》文字で「銘酒　神馬」と浮き彫りされ、下半分は板張り。玄関まわりは袖垣や飾り窓の古風な細工に短い縄のれん、「一品料理　神馬」の赤い丸提灯がさがる。創業八十一年、京都で古い店は当たり前だが、ずっと続く現役の居酒屋ではおそらくここが最古だろう。その古色をおびた艶冶《えんや》な風格は比類がない。

「こんちは」

「おいでやす、どうぞこちら」

七十歳を越えたご主人がいつもの笑顔だ。コの字カウンター奥の壁ハンガーに冬のオーバーをかけて椅子に腰をおろし、思わず両掌をすり合わせたのはここに座る喜びの現れか。すぐさ

銘酒
神馬

ま一本指で差したのは、目の前の燗つけ器で一本つけてくれのサインだ。

六穴三列、計十八本の徳利を沈められる銅壺の特大燗つけ器は、磨いたのか赤い銅がぴかぴかだ。「せんせ来やはるきいて化粧しときましたわ」と言うのは本当かどうかわからないが、荒塩と酢を洗剤に混ぜ、スポンジでさーっとやると年期でくすんでいたのがすぐこうなる。撫でるだけでよく、こすると傷になる。後は塩分を残さぬよう丁寧に洗う。ここのおでん艚《ふね》もそうだが内側は錫《すず》塗りで、銅と錫の合わせが最も温度を保つ。ただし錫は減るのでときどき「塗り屋」を呼ぶそうだ。その手入れで何十年もこの店を支えてきた。

酒は銘柄酒もあるが、私は燗つけ器脇の甕《かめ》の七種のブレンド酒だ。先代が、そのころの伏見の酒はどうもうまくない、しかし平等に取引したいとぜんぶ混ぜたところ好評になった。逆さまにした一升瓶をぐるぐる回して注ぎ足すのを見たことがある。その味は「平明で豊か」。七種ブレンドゆえそうなるのは当たり前かもしれないが、日々の晩酌は強い個性よりこれでよい。布巾をはさんだ木の蓋は使い込まれて美しく、この店のすべてが年期の入った艶に満ちている。

角皿の今日のお通し三点盛りは〈湯葉にイクラのせ・生姜を平目で巻いた昆布巻に琵琶湖のもろこ添え・京菊菜ごま和え〉黄赤・黒白・緑の配色美しく、酢締めの肉厚平目がとてもおいしい。このお通しを毎日四十皿用意し、なくなると他の品になる。

「これとちがうお通し三点盛り、もう一皿ちょうだい、って言えるの?」

「はははは、やりますわ」

酒谷芳男という結構なお名前だが、酒は不調法でといつか笑っていた主人は、十年ほど前に訪ねたときは体が弱っていて台所もままならず「おでんくらいしかでけしまへんわ」と肩を落していた。そこにながい料亭修業を終えた息子・直孝さんがもどり料理は飛躍的に変わった。京都の市場は長年の信用が第一。大正から続く神馬は別格で、良品が入ると勝手に「神馬」の紙をぺたっと貼り、直孝さん親子を待っているそうだ。

東京築地正月初競りのマグロは、かつてン千万の高値が話題になった。今年は百八〇キロのが四一〇万でチェーン寿司に競り落とされた。しかしそのとき大阪中央卸売市場には倍三〇〇キロの大間マグロが出て、その半分が京都にまわり、いつものマグロ屋から知らせが来て少し買ったが「尻尾のところまであれほど旨いマグロはなかった」。もちろん高値ゆえ店には儲けなしで出すしかなく、常連に電話して味わってもらったそうだ。

さあて注文本番。天然くえ（煮・塩焼・酒蒸し）、天然ぶり大根、牛テール味噌仕立て、うずら付焼、天然ふぐ（唐揚・てっぴ・てっぴと白子あえ）、くもこぽん酢、白魚天ぷら、なまこ酢のもの……。〈おでん盛合せ九〇〇円・すじ入り一二〇〇円〉あるいは〈のどぐろ塩焼半身一三〇〇円〉から〈松葉かに一五〇〇〇～二三〇〇〇円〉まで、安いものは安く、高いものはそれなりにすべて値段明記は、自信の現れの御予算次第だ。

まあスタンダードに〈造り盛り少し〉で始めて、「初掘り！」とある〈筍土佐煮〉で季節先取り、メインはやはり〈甘鯛塩焼〉でいつかの感動もう一度。〆の〈淡路産伝助穴子棒寿司〉または〈鯖寿司〉の余裕を残しておかないとな。

〈造り少し〉はクエとマグロの厚切り二切れずつ。その口に残る美味は、消えるのを惜しんでしばらく酒の盃を手にとれないくらいだ。

店は次第に混んできた。神馬は昔は気楽な居酒屋だったが今や全国から予約が入り、私も一名だがかなり前に電話しておいた。落ち着いた中高年夫婦、女性二人連れが多いのは、「値段に敏感だが質が良ければぽんと払う」中年女性主導の現れか。

箸が置かれていた私の隣に「○○さん、いらっしゃい」と主人に迎えられて座った中年男二人連れは常連らしい。私は他人の注文が気になる。その人は品書きを全く見ることなく「酒、聚楽第冷や、すっぽん小鍋、ローストビーフ、あと、とろ鉄火巻」とすらすら。私は意表をつかれた。「聚楽第」はここから近い京都佐々木酒造の酒だが、料理は初手に私の選ぶものではない。すぐに届いたすっぽんは小さな土鍋にぐらぐら湯気を上げ、ローストビーフは鮮やかな濃ピンク厚切りにホースラディッシュを添え、見ただけでうまいとわかる。鉄火巻はさっきの造りの絶品マグロだろう。ウーム常連の注文はちがうのう。

私の〈筍土佐煮〉は菜の花お浸しと木の芽山椒の緑が春を知らせ、付け合わせた、鯛の子よりも肌理《きめ》やわらかい魚の子の煮付けは平目だそうで、味はとても上品だ。「頭、中、尻尾、どうしまひょ」「頭」と答えた甘鯛塩焼は、こんな大きな甘鯛があるのかと青い網柄皿からはみ出し、ピッと立った前ひれ、赤肌を引き立てるようについた焦げ目の焼姿は堂々王者の風格。酒に浸けておいたかのようなしっとりした味の良さ。がっしりと開いた顎まわりの骨の粘り気と皮は最高だ。これで京都に来た甲斐がある。

古めかしい店内は、コの字カウンターの右手は奥にながく伸び（私の座るのは左奥）、途中に一メートルほどのミニ太鼓橋があってさらに伸び、いちばん奥の突端は幅広になって向かい合い机になる。途中の橋懸かりは、住まいだった場所も店にしたとき、家の神社祠を置いていた所を足で踏むのは良くないと、小さな枯れ池泉にして橋を架けたという粋な趣向だ。その祠はいちばん奥の建物外の坪庭に安置されて、床の石組みは水を打たれ、榊と灯明があがり、蹲《つく》踞《ばい》に水がつねに滴る。私はいつしかトイレに立つとここで手を合わせるようになった。
入口カウンターのコの字内側に置いた大きなおでん艚は、上に幅一メートル余のゆるやかなカーブの檜皮《ひわだ》庇がかぶる。その柱に今までなかった不動明王の絵がある。客の持って来たもので、真西に向けて貼ると良いと言われてそうしたが、真っすぐに調理場を見る格好になりこれはよさそうだ。これに限らず「客の持って来てくれたものは全部飾る主義」で、〈山岸純先生昭和31年ごろ〉とある額入り彩色スケッチは、玄関両側に背丈より遙かに高い酒仕込みの大樽を立てていたころのもので貴重だ。勘定場には不肖私のスケッチ画もあるが、今年の東映のスターカレンダーがご当地にふさわしい。あでやかな美人画の清酒「振里袖」や、若き山本富士子の「月桂冠」ポスターは今や貴重。当店を書いた新聞記事、表通りを運行する市電の最後の花電車の写真などは店の歴史を伝えてやまない。

神馬の最盛期を支えたのは九十六歳で亡くなるまで店に立っていた母の酒谷とみさんだ。分け隔てない気風は警察にも顔役にも一目も二目もおかれ、奥に新任警察部長が来ていると横柄な部下が伝えると「それがどうした」と言って座る客の溜飲をさげた。チンピラが舞台の切符を売りつけに来て十枚買い、「見に行かんからやるわ」とその場で返し、以降チンピラはおとなしく飲んで帰るようになった。表で迷っている金のなさそうな若いのを呼び込んで大まけに飲ませたこともある。その気風を愛した常連の学者、芸術家も多い。戦後の千本は西陣の織屋や東映撮影所が盛況をきわめ、この店も仕事を終えたステテコ姿で飲みに来る客や、上七軒花街に繰り出す勢いづけや、その帰りなどで大繁盛し、十八穴の燗つけ器は空くことがなく一日

清酒

八斗、一升瓶にして八十本（！）の酒が出た。

話をするようになった隣の人は京都の方でよく来るが「間違いなく京都一」と断言した。その方が帰られ、我慢できずに真似して注文した〈スッポン小鍋〉はごろりとしたスッポン肉に焼葱、生麩、生姜がたっぷり効き「この汁でまた飲める」と言っていたとおりだ。主人が「せんせ食べてみませんか」と置いてくれたのは、特別扱いにビラ一枚に一品書かれている〈別注奥村商店　特撰鯨ベーコン〉二切れだ。私は脂が生ぐさい上に縁の赤身は噛み切れない鯨ベーコンをうまいと思ったことはなく、まず注文しない。しかしこれの香り、あっさりした鯨臭、全く脂くさくない何たる美味よ！　隣客の帰った後に座った女性二人のとった〈車えび天ぷら野菜添え〉の軽い揚がりから伝わる上品な香りよ。ここは平凡に見える品が絶品、脱帽だ。

しかしもはや〈伝助穴子棒寿司〉は腹に無理だ。奥の婦人が両手で茶碗をもち「ここはお茶がいちばんおいしいのよ」と言うお茶がおいしい。玄米茶にちょっと煎茶を混ぜるそうで、主人の「静岡と松江の人はお茶にうるさいでんな。でもうちはやっぱり京都のお茶でないと具合わるいですわ」の独り言に婦人がうなずいてほほえむ。

古い歴史をもつ庶民的な店が最高級の料理を良心値段で出す。店の人の決して飾らない気さくな応対の安心感。私は当店を書いた『神馬―京都・西陣の酒場日乗』（新宿書房）の著者・上野敏彦氏から推薦文を頼まれ、まかせたところ、届いた本の帯に「ここは酒場の世界遺産です」とあった。まことに適切な表現と思う。

めなみ　三条小橋の白割烹着

京都の基本ランドマークは鴨川にかかる橋。三条大橋西たもとの木屋町三条は、京都らしい粋な華やかさのある人気の筋だ。高瀬川にかかる三条小橋斜め向かいの「めなみ」は創業昭和十四年。今の若おかみの祖母・川口なみさんが、女なので「めなみ」と名のって始めた。

「こんばんは」

「おこしやす」

着物に古風な長白割烹着、うりざね顔の美人若おかみは、私が勝手に言う「日本三大美人白割烹着おかみ」の一人。おかみに挨拶してカウンターに座ると「さあいつもの京都に来た」という気持ちになる。その初手が「おこしやす」「おいでやす」の迎えの挨拶で、使い分けの意味はないそうだが、私見では「おこしやす」はやわらかな女言葉、「おいでやす」はさっぱりした男言葉に感じる。しかしそういうことに京都らしさを出そうと思わず「いらっしゃい」で通す店もあり、地元出身者ではない人の新しい店はこれが多い。いずれにしても自然に出てくる迎え言葉だが、口調はおちついていて丁寧で、関東のように「らっしゃい！」などと怒鳴る店は京都にはない。

カウンター上に並ぶ大鉢はおばんざいだ。今は当たり前のこのスタイルも当店が始めたのが最初という。当たり前になりすぎて古い煮物をいつまでも置いているような店もあるがここはちがう。おばんざいの意味「京都の日常の家庭料理」ではなく「日常の素材、当たり前の料理を洗練させた板前の一品料理」で、このおばんざい数品だけで満足して帰る客も多い。

夏は汲み上げ湯葉、万願寺唐辛子、伏見唐辛子じゃこ煮、ゴーヤおひたし、瓜の梅和え、トマトすり流し、賀茂茄子田楽、冬瓜とずいきの冷やしあんかけなど。秋の今は、蓮根まんじゅう、巨峰の白あえ、いか大根煮、さつま芋白ワイン煮、鶏ハム、鯖旨煮など。定番の鴨ロースはピンク美しい自家製、意外な一品ラム山椒焼はとてもおいしい値打ちの品。

おばんざいは見えている料理だから安心で、腹具合をみて次はあれにしようかなと品定めする楽しみがあり、カウンター席はそれを常に眺めていられるのがいい。器の大鉢は先代、今のおかみの父がギャラリーも持っているほどの器のコレクターで、店使いもこの料理にこの器の取り合わせが楽しみで勉強にもなる。

まずはお通し。藍染小皿の巨大な茹で落花生三つはまだ茹で上げでしっとり温かく、最初に喉をしめらせるビール小瓶にぴったり。

本番の酒の、私の最初の注文定番は刺身＝お造りだ。いろいろから思案した二品盛りは〈鯛とヨコワ〉。紅を残して半透明な鯛は大ぶり二切れ、濡れた艶がセクシーなピンクのヨコワは角切り、緑の山葵を添えてなんともあでやかだ。燗酒「竹泉」一年古酒は、ざらりとした赤茶のひね徳利が重厚な味によく合う。

仕事場に立つ、目が純粋な若い板前は何年も見ているが、余裕による風格が出てきたようだ。今日は髭のスタイルがちがう。若い顔だったのが一、二年前に髭を立て、帰る時おかみに「白調理着の板前に髭はどうなの」と余計なことを言うと「若いからやってみたいんとちがいますか、すぐ飽きます」と悠然たるものだった。そろそろ飽きるかな。

隣に立つ焼き方の女性も顔なじみだ。以前、真っ赤な炭をガシガシといじる彼女に「あなたは何年になるの？」と初めて声をかけると「二年半です、みんなに迷惑かけてます」ととても良い返事で小さくなっていたが、今や慣れたようだ。以来この人に仕事を出すのも私の決まりになった。

さて今日は当店おばんざいの定番名物を復習しよう。これをいただくとほっとする〈しろ菜とお揚げの炊いたん〉は緑と薄茶にぱらりと振った赤い粉一味が、器の鮮やかな朱塗り椀と〝赤のハーモニー〟。京都の「しろ菜」は関東の荒っぽい小松菜とはちがう柔らかく品のよい味だ。小さな娘が着物の前を合わせたような畳み方がかわいい〈水餃子〉は、あっさりとしてよい口変わりになる。重厚な黒紫の〈茄子の煮浸し〉は、細かくひび割れを入れた白い楓形皿で白黒を対比させ、あしらった繊細な針生姜の黄色がアクセントだ。

極薄の湯葉できっちり俵に巻いて重ねた姿の美しい、人気の〈湯葉の春巻〉を頼むと無口な板前が初めて口を開いた。

「一人前二本ですが、一本もできます」

「ウーン、一本」

21　めなみ　三条小橋の白割烹着

葉形の皿にサラダ菜を添え、二つ切りされた揚げ春巻の断面は筍・ニラ・豚肉。京都の中華は独特で筍繊切りをよく使い春巻にも欠かせない。これを辛子醤油でいただく。とてもうまい。

めなみは気楽な入れ込み居酒屋だったが何年か前に改装し、これがたいへんうまくいった。頼んだ設計士は常連客で、やりたくてたまらなかったらしい。おかみの注文は「めなみらしう願います」だけだったが「どうも自分の好みも入れたらしい」と笑った。

その設計は厨房も移動した全面改装で、さほど大きくない店を机席と小上りもある上手な配置に変え、まことに京都らしい粋な情緒の店に変身した。全体の白木仕上げは清々しい明るさをつくり、カウンター上の丸太と細竹を交互にして檜皮《ひわだ》で葺《ふ》いた小庇、そこに下げた白麻のれんもいい。改装後初めて来て、これはうまいなと思ったのは、新設したカウンターの奥に木屋町通に向けて小窓を開いたことだ。やや閉鎖的だった店はこれですっかり外の空気とつながり、春の夕方にこの窓際で高瀬川沿いの桜を眺めて一杯やる最上席となった。おかみのすすめる、二階座敷から桜を見下ろす花見酒もいつかはやってみたい。

私の左横に座った女性二人は新幹線の予定があるとまとめて盛大に注文している。右の私くらいの年齢の男と若い女性の二人連れは地元常連らしくうらやましい。以前、京都に住むオーストラリアのジャーナリストにインタビューされたとき、大学の町京都は外国人留学生や教授が多く、ここは在京外国人のたまり場ときいた。隣にイギリス人らしき銀髪の年配婦人が座ったことがあり、手慣れた注文に燗酒の銘柄も指定してやるなあと思った。お帰りのあとおかみに聞くと「よう来てくれはるけど、お燗の温度にうるさいんやわあ」と笑っていた。

カウンター越しの仕事場は大小六つのガス台すべてに青い炎が常に燃え、揚げ鍋は油が温まり、湯気を上げ続ける蒸し器は時々水を足して即応体制だ。腕のある料理人の仕事場はたいてい昔ながらの赤いゴム管のガス台と鍋だけのシンプルなもので、とうに木の把手が取れてヤットコで掴む雪平鍋の使い込んだ焦げ色がいい。料理仕事を見ながらのひとり酒はいいものだが、最近のカウンター割烹は白衣の料理人が自慢気に料理の話を始め、それを喜ぶ客もいるけれど私は御免。無口に黙々と仕事する姿こそ美しい。

それをやわらげるのがおかみさん。

「お酒、たりてはりますか?」

いいタイミングだのう。替えた京都地酒「鷹取」の、青地に焦茶の縦縞徳利はここで見慣れたもので鷹取専用かもしれない。よしこれには〈銀杏〉でいこう。注文すると木の柄のついた年期ものの銀杏専用網蓋付き網籠を火にかざしてカラカラと炙り始めた。殻を割り、ちょいと舐めて塩をつけて口に放り込み、手をぱんぱんとはたく銀杏ほど秋を感じさせるものはない。焦げの茶をつけた殻つき銀杏は、地面に落ちたように砂色の皿で出され、そこに現れる碧の珠の美しさ。器を愉しむ店の面目躍如だ。

もう一つの秋の味覚〈松茸土瓶蒸し〉の注文が入ると仕事場は緊張したようだ。くだんの女性が何度も味見した出汁を、最後に板前に差し出し「醤油もう少し」にうなずく。松茸土瓶蒸しこそ腕の見せ所と、とてもとても慎重だ。

昔は学生のような断髪だった彼女はおかみさんのような丸まげになった。昔と同じ声をかけ

てみよう。

「あなたは何年目になった？」

「八年です」

その目がとてもしっかり感じる。ようし仕事を出そう。

「ぐじ焼、頭の方」

ぐじ＝甘鯛こそ京都の焼物の華。「はい」とにっこり笑う顔は「私に仕事を頼んでくれた」とよめる。まず真っ赤な炭火をガシガシとまとめ置き、次に大きな甘鯛開きに出刃を当てる。この人は箸の持ち手は左だが出刃は右手だ。聞くと「包丁、高いんで」とはにかむのは、左包丁は別注で値段が張るのだろう。板前の包丁は自前だ。切った頭に金串三本を末広に打ち、頭上高くから裏表に尺塩を振る。炭火にのせてじっと待つ間は手を前に目を離すことはない。

素朴な素焼俎板皿に口を開いた甘鯛は、焼く前は薄いかと見えた身がふっくらと膨らみ、朱色に点々と焦げ目をほどこして貫録じゅうぶん。パリパリのうろこの下のしっとり湿ったやわらかな味わい。こればかりは食べに専念。最後に粘りのある小骨を指づかみでしゃぶり終え、さあおしまいと仕上げて口に運ぶ酒の一杯のうまさ。

「おいしかったよ」

「ありがとうございます」

彼女がうれしそうに、にっこりと笑った。

祇園きたざと

祇園で一杯

京都観光の中心・祇園花見小路は人波の絶えるときがない。往復して写真撮って帰るだけの観光客を尻目に、自分には行くところがあると脇小路にすたすた入って行くのはよい気持ちがする。

車の入らない西花見小路の灯ともりしころは、規矩正しい石畳の玄関先に置いた盛り花手桶を照らす明かりが打ち水に映えて美しく、舞妓さんとすれちがうこともある。この小路をゆっくり歩き、いちばん奥の「祇園きたざと」の小さな玄関戸を開けるときこそ京都旅の始まりだ。

京都お茶屋特有の小さな玄関で履物を脱いで板座敷に上がり、すぐ右に回り込んだ床座りカウンター端が私の定席だ。後ろは広く、脱いだオーバーやかばんをそこに置いておけるのも都合がいい。

「やれやれ」

「おいでやす」

いつも来ているので長い挨拶はない。

「さあて、ビールと……」

ここは格式ある座敷茶屋だが、酒も料理も値段明記の品書きが置かれて安心だ。奥は入れ込み座敷、その奥には離れもありコース料理もできる。

「どうぞ」と置かれたお通し小鉢は〈ヒラメの皮の唐揚〉と〈花わさびお浸し〉。唐揚げはビールにちょうどよく、花わさびに箸を移すと酒にしたくなった。

「まつもと、お燗、それと……」

ビールを飲みながら隅々まで品書きを読んでいたのでもう決めてある。まずは〈鯛とまぐろの造り〉だ。

ツイー……。

蛸唐草の徳利に白無地清楚な盃。黒地平皿に紅白の鯛、真っ赤なまぐろ、添えた貝割れの緑、はじかみの臙脂《えんじ》が鮮やかだ。開店一番に来てまだ客はない。少し話をしよう。

「角の萬屋《よろずや》は今日も並んでるね」

西花見小路のとば口にある小さなうどん屋「萬屋」は、九条葱山盛りの〈ねぎうどん〉を始めると評判をとり、いつも十人ほどが並んで待つ。今が旬の九条葱は大好物、数年前早速入ったがおいしかった。

「あそこは（片岡）仁左衛門さんの縁戚にあたるんですよ」

「へえ」その縁で昔から南座は出入り。「一力亭」数軒先のお茶屋「廣島家」の親戚でもあるそうだ。

「八坂さん（八坂神社）前の八代目儀兵衛はんもすごい行列でんな」

その店は知らないが、米屋が始めた土鍋ご飯が芸能人ご用達と評判になり連日大行列とか。

「並ぶのは関東の人でんな、京都の人はそういうことはしいしまへん」

全くだ。東京の人間は並ぶのが大好きで、私の住む目黒のさんま祭などは二キロも並んで警官が整理する騒ぎだ。京都は混んでいれば次の店はいくらでもあり、そこはまた来ればよい。

「春節祭（中国旧正月）のときは中国人団体客がすごかったね」

「そうでっか、ああいう人はこの辺には入らしまへん」

その方がいい。通る舞妓さんを欧米人は遠巻きに見るだけだが、中国人観光客は大勢で取り囲んで写真を撮りまくり、果ては帯に手を入れたりしてたまらず逃げ出すと後を追いかけるマナーの悪さはひんしゅくを買い、脇路地で小用を足す不心得者もいたとか。

話しているのは内輪の世間話だ。こうして京都のカウンター隅で独酌して話すのがいい。昔、俳優の渡辺文雄さんと親交があって「太田ちゃん京都に来てるんなら、○時ころお茶屋の△に居るから訪ねて来なよ」と誘われ、座敷遊びかと緊張して行くと、玄関脇の女将のいる帳場の外廊下に座布団と盆を置き、柱に背をあずけて一杯やりながら、出入りする舞妓に「よう、どこ？」「あらせんせ」などと軽口をかわしていた。何度も来ている常連ならばこその遊び方にへえと思った。その小さな真似をしているつもりだ。

さて次の注文。そうだな、ここではまだ食べていない焼油揚にしよう。「これ、つなぎにどうぞ」と一皿を渡して主人は奥へ。その平目刺身をごまたれと和えた〈平目のごまたれ〉は格好の肴だ。

今来てカウンターに座った若いカップルは男はノンアルコール、女はウーロン茶の注文だ。何しに来てるんだ。おっと牢名主然としてはいけないいな。主人再び戻りぽつりと、

「はやいものでここに来てまるまる十二年どす」

「へえ」こちらも同じ顔になる。九州福岡で料理修業した北里さんは、ドライブで行くような、地籍はもう大津になる比叡の峠に一軒家の店「北さん」を持ち二十八年、そしてここに移った。私は比叡の北さん時代からのつきあいだが祇園に移ったと聞き、自分でも入れる所かとおそるおそるうかがうと何も変わらず、しかし店は圧倒的に洗練されていてほっとした。

届いた〈京あげの焼いたん〉はベージュ平皿に三角に切った薄揚げを重ねて青葱をかぶせ、たっぷりの大根おろしがおろし生姜をのせて添えられる。タラーリと醤油を回して、カリリ……。

その、軽く、甘く、油気全くなく豆が香るうまさ！　つまみのつもりがいつまでも箸を置けない。

「これはうまい！　どこの豆腐屋？」

「とようけさんどす」

「なるほど！」

二十数年前、何も知らない京都に来て、北野の豆腐屋「とようけ茶屋」で食べた油揚で油揚の味を知り、以来油揚好きになって全国で食べているが、間違いなく京都が一番。油揚消費量日本一の福井や新潟の油揚は三センチほどに厚いが京都は薄揚げを尊び、厚揚げは野暮とされ

る。有名豆腐店はいくつもあるが実力は「とようけ」と聞いていた。北里さんは店を持つ以前から銀閣寺裏の豆腐屋とつきあいがあり〝絶品〟だったが高齢で店を閉め、その後を探すのに何年もかかった。六条によい店があったがこちらも高齢で突然休む日もあり、さらに〝さんざん探して〟ようやく「とようけ」に落ち着いた。

「やっぱり商売は古いおつきあいが大切でんな」の言葉に実感がこもる。京都の定評ある店はこうして支えられているのだ。

店は混んできた。そろそろ顔を見たい人がいるが見当たらない。

「若女将はまだ?」

若女将はお嬢さんのこと。名は母・綾子さんの一字をもらった綾左。五画の字を探してつけたそうで素敵だ。綾左さんは「仁左衛門さん」の姉の「寿々の会」に入門して「寿々綾左」の名を取り、その後母も入門、「寿々北」となったが、入門順で娘が姉弟子となるそうだ。今日は大阪の歌舞伎座の一門発表会に出かけたとか。そうか今日は日曜だった。綾左さんは背が高くすらりとしたスペインの歌姫型の美人で、祇園に移ってきたとき母から「娘どす」と腰を折って紹介された時は目を見張ったものだった。以来ますますここに……。

となれば言わずもがなを言いたくなる。

「そろそろ……いいお話かな」

「あきまへんわ、全然興味なし」

目の前で手を振り顔まで振る。ほんまかいな。

しかし弟がいる。まだ若い弟・浩右さんは丸刈り頭で店で修業中だ。「きたざと」は親方・北里さん、奥をあずかる昔からの無口な年配の方、浩右さんは三番手になったようで下に若いのが二人いる。浩右さんは必要なときは父を「大将」と呼び、親子気分はみじんもない厳しい世界が見えるが、ときに二人並んだ背中はやはり似る。

父は、娘は花柳流の舞、息子は杵屋の三味線を子供のころから習わせ、ともに名取りとなり、数年前、寿々綾左・杵屋浩右、姉弟初の「左右」共演を果たした。

「またやりますわ、今度は二人椀久《ににんわんきゅう》とか」。場所はあそこと振り向きもせず後ろの歌舞練場を指差すのが御当地だ。父が奥に行き、息子が前に立ったとき聞いた。

「二人椀久、とはどういう話？」

大坂の豪商・椀屋久兵衛はなじみの傾城・松山太夫に入れあげて座敷牢に閉じこめられ、太夫が死んだのを知り発狂する。「どこが難しい」の問いに、「娘道成寺」あたりはのどかなテンポが一定しているが、こちらは、太夫の死を知った狂乱の舞の不安定な動きの緩急の読み取りが勝負と。なるほどなあ。細面に太い眉、引き締まった顎の彼の羽織袴はさぞ男らしいことだろう。

父が戻り息子は素知らぬ顔で奥へ。さてもう一品。油揚があまりにもすばらしく、ここで長考。当店品書きはおよそ制覇したが、まだ初めての〈豆腐ステーキ〉か〈明太子オムレツ〉か。昔、何も京都で食べなくてもよい〈納豆オムレツ〉をとり、その旨さに大将をニヤリとさせたことがあったが。

明太子オムレツを頼むと大将自らガス台に立ち、じゅうぶん攪拌させた玉子を小さなフライパンに流し入れ、あっという間にできた。黄色にまじる緑はほうれん草。葱だとちょっと明太子と喧嘩するとか。料理修業の博多で覚えたものですかの問いに、いや自分でと笑う。トイレに立った帰り、坪庭先の離れの四畳半を雪見障子のガラス越しに見ると家族客で、小さな女の子が両手を畳について絵本を見ている。正式の集まりではない普段着の支度は、家族で外食する京都の文化か。京料理の格式にとらわれず、きちんとした座敷でゆっくり酒料理を楽しめるこの店はほんとうにあり難い。大将の枯れてきた風格もいい。

赤垣屋

橋のたもとの名居酒屋

川端二条と聞けば京都の人はすぐわかる。そこの赤垣屋といえば京都の居酒屋好きはすぐわかる。今や京都居酒屋の聖地となった感もあるこの店に初めて入ったのは二十年ほども前で、私はある種の京都居酒屋の典型を知り、京都最初のなじみの店になった。

なじみの店になるというのはしょっちゅう行くということだ。そして今日も来た。やや久しぶり。ここ数年京都取材が多く、レパートリーを広げるためにあちこち浮気（でもないか）しながらも、今回は赤垣屋に行かなかったなという出張が続いていた。

予約できるような店ではなく、開店五時の十五分くらい前に外に立つ。暮れなずむ二条大橋上の秋空が最高だ。かねがね理想の居酒屋立地は橋のたもとと思っていたが、そうかここがそうなんだと気づいた。橋向うにあったホテルフジタを京都の常宿にしていたころは、ホテルの部屋からここを見て赤提灯に灯が入るとあわてて出てきたものだが、今は超高級ホテルのザ・リッツ・カールトン京都に変わり、私なぞの泊まれる所ではなくなった。

赤垣屋は古いモルタル二階建ての一階に黒塗り板壁を張り、玄関は時代劇番屋のような障子戸。壁の赤いネオン管「赤垣屋」は安っぽく、本などに載ったことはない京都の古い居酒屋と人に教わって初めて来たときはわかりにくい場所の粋な店を想像していたが、タクシーやバスのびゅんびゅん走る通りに面して、わかりにくいもへったくれもない場所とその構えに、ここかと思ったのだった。

店の外に出したままの赤提灯は「贈　ＪＲＡ赤垣会」と字が入るのに気づいた。いつもは開くや否やすぐ入り、提灯の字を読む余裕なぞなかった。ふと気づくと私の後ろに三、四人の男がいる。皆べつべつだ。来たなという何とはなしの連帯感。

閉じた玄関戸の中に人の気配がして、ポッと赤いネオンが灯ると戸が開き、壮烈に短くぼろぼろになった縄のれんが下げられて待つ男たちがぞろぞろ入った。少し離れて観察し、ＪＲＡ赤垣会さん今度は縄のれんを寄贈したらいかがと余計なことを考えていた私は、結局五番目になりあわてた。あわてたのはいつものカウンター角に座りたいからだがＯＫ。さあもう急ぐことはない。角にはおでんの鰭《ふね》。

「ビール、おでん豆腐」

注文完了。お通しは〈スパサラ〉スパゲティサラダひとくちだ。

キュー……。うまいのう。

ビールがうまいのは、半分開けた玄関戸から入ってくる外の風と光ゆえだ。玄関は真西に向かい、夏などは日没の直射光が店の奥まで届くこともある。冬は閉められ、客が来ると背中にひやりと外気を感じるのもまたいい。

店の中は外観とは一変する。床は本物の三和土《たたき》、壁は割り竹、カウンター下は網代《あじろ》、足乗せ

赤垣屋　橋のたもとの名居酒屋

は丸太、黒光りする高いベニヤ天井からコードで下る裸電球。名誉冠、大黒娘、親孝行と金文字で酒名の入る大鏡。すべては質素ながら、時代のついた風格が、京都の雅びとも大衆居酒屋の気安さともちがう独特の引き締まった空気をつくる。昔はここは何かの仕事場だったようで、奥は庭と住まいだった座敷。こちらも客が使える。祇園や先斗町《ぽんとちょう》の華やかさとは無縁の古く渋い居酒屋は大学教授の常連も多い。

常連の注文はそれぞれ流儀があるようだ。黒ビールスタウトで始める人は多く、最後の一口に少し残しておいて酒に進む人もいる。カウンターには経木の品書きがあるが、私の座る同じ角に悠然と座った人はそれに一瞥もくれず「今日の刺身は?」「天然ブリあります」「それ」で注文完了だ。

その奥の茶色作務衣上下、白髪に山羊髭の長老風はスタウトと枡酒を同時にとり交互に飲む。その枡酒の扱いが見事で、手渡された枡酒ののる皿を右手でとると、空中のまま左手で人さし指をピンと立てて枡をとり、角からツーと一口。その皿と枡を同時に自分の前に置くが、枡の正面「名誉冠」の焼文字を良い位置に向けるのを忘れない。そしておもむろに小皿の塩をひと舐めする。

私はまだビールだがすでに盃が置かれている。それは「日本百名居酒屋」というテレビ番組をやっていたとき、各店に取材のお礼がわりに差し上げるようデザインして作った「百名盃」だ。つまり全国にこの盃は一〇〇個あり、そこに行けばこれで飲める。というよりは皆さんに使っていただき、盃の輪というか、盃友達になるためだ。仁侠の徒は「盃をもらう」と言うではないか。

余計ごとはさておき酒に入ろう。カウンター角に立っていた先代お燗番・樹藤さんは名人芸だったが引退され、今は店主の息子さんが立つ。今日はその店主の姿が見えないな。

「大将休み？」

「ちょっとしばらく休んでます」

そういえば来た客の一人二人が、入りばな「大将休んでるんだって」と声をかけていた。

赤垣屋は戦前は別の場所にあり、大将こと伊藤さんの父はそこに酒を納めていたが、戦争が始まって「あんたこの店せえへんか」と言われて昭和十八、九年ごろ引き継いだ。伊藤さんは中学生のころから店を手伝っていたが戦後の昭和二十四年、少なくとも築百年は過ぎているこの家に店が移った二十五、六歳ごろからは本格的に父と働き、六十四年に父が亡くなると店主を継いだ。何か注文すると必ず「〇〇、ありがとうございます」と復唱する律義な応対が店を引き締めていたが、そうかご高齢ではあるんだった。

しかして男前の息子が花形のお燗番だ。後ろにある名誉冠の四斗樽木栓をひねって片口にとり、おでんの上でステンレスの細身ちろりに注ぎ（ちょいとこぼれてもおでんの出汁になると樹藤さんは言っていた）、おでん艚脇の燗つけ湯で温め、ころあいで上げて掌で包んで温度を確かめて徳利に移し、さらに徳利をもう一度湯に沈め、引き上げて掌で確かめ、布巾で拭いて出す。その一連をじーっと見つめている私の視線を彼は意識しているのがわかる。私は一杯含んだ。

ツイー……。

「ウン」とうなずくとほっとしたようだ。何を勿体ぶってと笑うなかれ、先代樹籐さんはいつもしみじみと「燗はむずかしいです。その日の気象、常連の好み、一本め二本めでは温度も変えます」ともらしていた。温め中のちろりに中指の腹をじっと当てて温度計代わりにして、最初の一杯だけは酌してくれる。それがここに座る者の特権だが、こちらの上げた盃に徳利の腹を当て、そのままスーと盃に添わせて滑り下ろし、徳利の首で止めて傾けて注ぎ、すっと離す。こうすると一滴もこぼれないそうだ。彼はまだそこまではゆかないが、これからだ。

大将に代わって包丁を使う若い板前を、その前の席で腕を組みじっと見ている黒ブレザーの客がいる。彼もまたこの店のファンで世代交代を見つめているのだろう。白いタオル巻きで働く若いの五人は私語全くなく客に集中する。頼むぞよ。

さて肴は〈笹カレイ焼〉だ。品書きは豊富だが何度も来るうち注文も決まってきた。

店は満員になった。カウンターよりも、後ろの極小の畳小上りで一人小さな二月堂机に向かうのを好む人、また満員をいいことに二階座敷に上がる階段上がりがまちに腰をおろし、ビールケースに盆を置いて飲む人もいる。きっとここが彼の専用特別席で、そのため満員を見計らってやって来るのかもしれない。

私の左隣の男女は音楽関係らしく「あの人はバンクーバーから一時帰国中」「パーティーはやたらえらい人が来た」の会話はそのうち美術論になり、ドラクロワの作品の題名をすらすら列挙している。相方の女性はそろそろ顔が赤くなってきていい風情だ。奥の長老はすでに桝酒二杯目と意気軒高。黒ブレザーとは顔見知りらしく何か会話中だ。

女性だけの二人連れからもれ聞こえる会話は「NHKはそういう演出が好きなのよ」と放送関係か。大学生とも思える若いカップルもいて、こういう古い店にも臆せず入ってくるのが京都の若い人の良いところ。「先斗町ますだ」(54頁)もそうだが、大学の先生が学生や助手などを連れてきて、その人が歳を重ね同じ地位になると、自分がされたように若い人を連れてくる。そうして店が続いてゆく。続いているのは店の「格」だ。ここは安い居酒屋だがそれがあり、客がそれを守っている。

酒に酔って気持ちがゆるむ居酒屋の「格」を維持するのは難しいもので、店がいくらこういう雰囲気にしたいと思ってもふさわしい客が来なければそれまで。逆に客が店の空気をつくり、妙な者を入りにくくすることもある。店と客の生みだす好ましい居心地が何年も続くと名店になる。そういう店の常連になることが客のステイタスで、「調査員」とかいう税務署のような者が選んだミシュランガイド片手にあちこち品評してまわる輩はそうはなれない。「ここはよい」と決めたら黙って何年も通い、その店の格にふさわしい酒品を保とうとする矜持が本物の客だ。

いつもの〈万願寺天ぷら〉の今日のは特大だ。思わず「でかいね」と言うと彼がまたにっこりした。私はほとんどしゃべらず、ここではただじっと店の空気に浸っている。ここの酒料理はうまいが、それだけではない居心地が目的だ。

入口腰掛で待つ客が増えてきた。そろそろ交替だ。勘定を済ませて出るとき、座って待つ旅行中らしいリュックを背負った、雰囲気としてはスウェーデン人の若い金髪外国人カップルに、怪しい英語で「ウエルカム　ジスイズ　モスト　ジャパニーズ　オーセンティックイザカヤ　プリーズトライ　ホットサケ　イッツデリーシャス」と言うと「Oh!? Thank you」と目を輝かせて立ち上った。無口なはずのおいらが余計なことでした。

のれんには「酒は純米　燗なら尚良」の名文句。銘酒のための洗練された料理、割烹王国京都でもありそうでなかった。
――魚とお酒　ごとし

大徳利から酒を注ぐと鯉が
泳ぎ出した。その様子を狸
が後ろからじっと見ていた。
——先斗町　ますだ

時期になると店でナマコがしばき倒される。しばき倒すのはナマコだけ。客には優しい。
——食堂おがわ

小鍋立で温まる。いさきち君と花子さんで温まる。

――小鍋屋いさきち

毎日磨き続けるとカウンターの角も丸くなり、枯れた清潔感があふれる。——蛸八

魚とお酒 ごとし

モダンな居心地と銘酒

京都の中心繁華街は西の木屋町・河原町と、東の祇園だ。西は新しい店もある若い人向け、東は言わずもがなのお茶屋街。鴨川をはさんで西と東を行ったり来たりするのが京都気分を盛り上げる。

しかし今は東西をつなぐ御池通を北へ越えた二条通がおもしろい。本来京都はパリのように伝統建築を財産とする歴史の町だが、パリ同様、それに反逆するアヴァンギャルド志向もある。二条通は古い町家ばかりの中に個性的な家具店、文具雑貨、ファッション、飲食店などができ始め、どこも若い人のアート感覚がいい。町家と前衛の共存こそ京都のおもしろさと思う。

その二条高倉に数年前開店したのが「ごとし」で、最初は京都の店探しのいつもの例でちっとも場所がわからなかった。それをこぼすと「中心を離れた所で店をやりたかったんです」と言っていたが、今や近年京都に新開店した店では屈指となり、多少京都を知る東京の知人何人にも紹介し、皆から喜ばれた。

高倉通から少し退げた店は、奥に誘導するように銘酒一升瓶を並べ、壁もガラス格子戸もすべて清潔に、白木馥郁たる玄関の白麻のれんが中の明かりを透かせる。のれんの隅には日本酒の指導者・故上原浩先生の名文句「酒は純米　燗なら尚良」が入る。

「こんちは」

「いらっしゃい」

本日の一番客、というか、ここに来るときは隣の古書店「レティシア書房」に顔を出し、並ぶ本を一覧して開店を待つのが恒例になった。小さな書店だが隅々まで店主の個性が見え、初めて来たとき短歌の塚本邦雄、中井英夫や映画書の充実に時間をとられて入店がおそくなったことがあった。

まずは静岡の地ビール「ベアードビール」のエールで喉をしめらせる。巴を描くガラス皿に菊花を添えたお通し〈きく菜と子持ち鮎煮〉はきく菜が香り、鮎は上品。何も言わずとも奥さんが、盃を酒造りの木の麹蓋に並べて選ばせる。私はいつもの「磐城壽」の名入り平盃だ。

主人が「酒はどうします？」と言うようにこちらを見る。ここの酒は、旭若松、独楽蔵、睡龍、日置桜、竹鶴など熟成酒タイプの重厚なものが多い。今は山陰が多いが、その前は滋賀の酒に凝っていた。

「ウーン、辨天娘」

「はい」黙っていれば酒は燗だ。

当店の名を高からしめたのは、明確な日本酒の選びとそれを生かす洗練された料理だ。言わずもがな京都は割烹京料理の王国で料理が主役。酒は料理を邪魔しない、というか料理に専念させるようあまりうまくない平凡なものにして、酒の追加を頼むと、まだ飲むんですかという顔をされる。有名カウンター割烹も多少入ったけれど、コース料理がどんどん出てきて酒を飲むひまがなく、最後のアイスクリームは全く不要だった。酒の後のアイスクリームほど不味く興ざめなものはない。

女性憧れのカウンター割烹も数回行けばだいたい同じようなもので飽き、特に酒飲みの男は

敬遠だ。今の日本酒は史上最高のレベルで、これを味わわない手はない。酒を大切にしないカウンター割烹はいずれお上りさん用の観光店だけになるだろうと思っていたときに開店したのが「ごとし」だ。本来京都の料理は最高レベルにあり、そこに銘酒が加われば最強で、酒も料理も楽しみたい人には待望の店だったのだ。以前ここで「祇園きたざと」（26頁）のご家族が食事しているのに会い、互いにニヤリとしたことがあった。

開店して五年、ゆったりと丸い体格が人を安心させる主人と、おさな妻だったような若奥さんはすっかり板につき、店も仕事も落ち着いてきた。装飾を全く省いたシンプルな直線だけのモダンインテリアにモダン家具だが、すべてが白木ゆえに居心地は温かい。みごとな一枚板のカウンターの上もさっぱりと何も置かないが、いつかは大きな南京一個だけが皿で置かれて印象的だった。ただし玄関脇になるカウンター端にだけ沖縄の楽器サンシン（三線）を置くのは店主の趣味。ほんの薄く流れる沖縄バンド「ビギン」ののんびりした「憧れのハワイ航路」も同じ。沖縄に憧れているがまだ行っていない、しかしあわててはいないという彼がいい。

何度も来るうち注文もパターン化してきたが、はじめはいつも造りの盛合せ。今日は鼠色三島風の皿に〈甘鯛・鯛昆布締め・鱧おとし・金目鯛・天然ぶり・本まぐろ・鯖きずし・太刀魚〉の一切れずつの豪華版。少しツイストして縦置きした太刀魚がセクシーだ。

最初の客で入ったが長いカウンターは満席になった。私の隣に「すみません入ります」と座った若い男は、おもむろにカウンターの白い折敷紙に紺布の箸袋と茶道に使う香合袋のような小さな巾着袋を置き、紐を解いてマイ盃を取り出し、箸とセットに置いた。箸は塗りもの、盃は案外平凡な白無地平盃だ。へえ、やるなあ。

彼は高尚なわりに酒の最初は〈生もとのどぶソーダ割り〉、料理は「とりあえず鰻焼とキンメ煮付け」となかなかえぐい。

狂言師・野村萬斎に似る優男をなんとなく気にしていると、主人が気を利かせ「この方は燗ニング部の東京支部長です」と紹介した。「燗ニング部」とはこの「ごとし」と近所の同業「あさきぬ」「京都捏《つくね》製作所」の三軒が意気投合し、京都で「日本酒オールスター燗謝祭　燗十肴」というイベントをやっている仲間だ。その東京支部長ですか。ではと彼に聞こえよがしに主人に話をふった。

「今年も来てくれる？」

「あ、だめなんですよ」

それは東京で間もなくやる「大江戸日本酒まつり」第二回のことだ。居酒屋と酒蔵がタッグを組んで一日屋台を並べる大阪の「上方日本酒ワールド」にならって東京も真似しろと、意気のある居酒屋に提唱して去年から始めたイベントだ。その日、ごとしの若主人は美人若奥様を連れた着流し姿で悠然と会場神田明神に現れ、私を感激させた。そのころに東京には行くが、自分は十一月四日に代々木八幡に開店した居酒屋「酒坊主」一周年の集まりに、奥様は別行動で練馬公会堂で桂小三治を聞く予定とか。

「酒坊主って何？」

「吉祥寺の『カイ燗』で料理やってた人です。その後は吉祥寺に新開店した居酒屋『ＦＵＪＩ

STORE』をまわる予定」

「そこ知らないな」

「二十五歳の女性が四時からやってる居酒屋です」

駅北口から遠く、ものすごく静かな店で柱時計の音だけがコチコチと聞こえるとか。それは行ってみなければ。京都で話す東京の居酒屋情報を、東京支部長が聞いているのがわかる。それでは聞いてみよう。

「あなたは来ますよね」

「それに行けないんでここに来たんです」

関東語で答える。東京で働いているが京都で飲むのが好きで、京都に一間借りていて思い立つとやって来るそうだ。飲みに出るだけなので部屋は酒置き場と化している。行く先はだいたい燗ニング部をまわるが、最近評判の「そば酒まつもと」(100頁)に行ってみたいそうだ。マイ盃の袋は他にもあると見せてくれ、作家もの金盃、小さな蕎麦猪口、平盃底の蛇の目が酔眼のようにゆらゆらゆがんでいる絵の燗ニング部公式盃を、酒に合わせて使い分けるそうだ。へえ……。

彼の頼んだ〈生もとのどぶソーダ割り〉とは奈良の酒蔵・久保本家でつくる癖の強い瓶内醗酵生原酒どぶろく濁り「生もとのどぶ」をソーダで割ったものとか。主人に「飲んでみませんか」とすすめられ、白濁したのをコップで飲むと、ソーダで発砲するシンプルな酸味はその昔フィジー島の民族儀式の宴で経験した回し飲み酒「カバ酒」のようだ。へえ……へえばかりだ。

届いた〈かぶらきざみ漬け〉は刻んだ赤かぶらと白かぶらを紅白に混ぜ、葉の青、酢橘の黄と緑に黒い糸昆布をあしらってこんもりと美しく、水貝のような照りのある皿に映える。ここは値段の安い地味なもの（これは四五〇円）には逆に高級皿を使うようだ。その味は酢橘の酸味がぴしっと引き締めてまことにおいしい。〈鯵のなめろう〉は本場関東から見るとあっさりして標準的だ。これも金と赤の線柄がきれいだ。

東京支部長の隣に座ったのは姉弟らしい若い二人連れで、姉さんにこんな店に連れてきてもらうなんていいな。さらに隣はこの店慣れした様子のいい男と女。テーブルはアラフォー風のカップル。観光客ゼロ。しっとりと日本酒で心を通わせる京都の男女で店はいたって静かだ。「お」東京支部長が気づいた新客は例の盃袋の作者だそうで、眼鏡にひっつめ髪のおちついた素敵な女性だ。その方の盃袋は黒地に鶴の古代柄で格調高く、日置桜のミニチュア瓶がぶらさがる。いいなあ、ボクも作ってもらおうかな。

さあて仕上げは巨大な瓦皿にのる〈鯛かぶと焼〉だ。こればかりは専念。最後に「鯛の鯛」を置いて完了。ああうまかった。

京都にできた新タイプの割烹居酒屋は、繁華街から離れたゆえか、良質な地元客を集め、深夜二時までの営業が、かえって遅い時間に仕事を終えたプロなどで混んでくるとか。

ぶらりと出た外の通りは暗く、月がのぼっている。「ごとし」もなんとなく常連仲間ができそうだ。さあて、賑やかな河原町のバーでものぞいてみよう。

先斗町 ますだ

狸と文化人

〽富士の高嶺にふる雪も　京都先斗町《ぽんとちょう》にふる雪も……

歌にも歌われる先斗町は京都観光客の一番人気だ。幅一メートル半ほどの細路地両側にずらりと並ぶ料理屋、居酒屋、レストラン、バーはいずれも魅力だが、いざとなるとどこへ入ったものかと迷う人が行ったり来たりしている。そこに行きつけの一軒があるのはうれしい。場所は中ほど十五番ろーじ（路地）の角、小粋な華やかさのある紅殻壁黒柱の上に小さく「ますだ」の看板。

玄関引き戸を開けると衝立壁で、そこの丸窓から主人がのぞいて客を迎える。右に回り込んで入った店内は八席ほどのカウンターと畳一枚の小上り、餅搗きの木臼に丸いガラス板を乗せて机にした椅子二席。黒豆石洗い出しの床、網代《あじろ》と葦簀《よしず》の天井は飴色になり、丸竹押し縁に挟んだ長刀鉾の飾り粽《ちまき》は京都ならでは。巧みに趣向を凝らした小体な酒亭はいかにも京都だ。

「こんちは」

「いらっしゃい」

京都に来れば必ず寄るので主人は驚かない。「今回は何ですか」とも言われなくなった。

「太田はん、おこしやす」

着物姿の女将が顔を出す。今日の帯は格調高い古代柄だ。

「母のもので、このへんがほつれてきたんどす」

見せなくてもよい所を広げて見せ恐縮だ。

目の前に黙って置いたのは私のマイ盃だ。正確にいえばここを常連とする人のものだが、私が自由に使ってよいことになっており、最近は私の方が出番が多いらしい。白地の大ぶり平盃に二尾の鯉（夫婦？）が悠然と泳ぐ絵柄で、酒を注ぐと泳ぎ出す。外側の文字「御料理仕出し　馬淵天流水本店　八幡天流水支店」は「天流水」という料理屋で使っていたものだろう。馬淵という地名は滋賀の近江八幡にある。「料理屋で使っていた古盃」という私の一番好きな種類だ。

ツイー……。

うまいのう。京都のなじみの席の一杯ほどよいものはない。

酒は賀茂鶴四斗樽の木栓をひねって、木の柄のついた銅柄杓で受け、ちろりに移して燗をつけ、大徳利に注いで出す。その銅柄杓が見慣れないので尋ねると、老舗「樽源《たるげん》」の木桶を使っていたがどんどん減ってきてこわくなり、高級包丁の「有次《ありつぐ》」に、外はアカ（銅）、中は錫《すず》で特注したそうだ。ここでは「樽桶」と呼んでいるそうだが、銅と錫の合わせは最も温度維持がよく、そういうことにうるさいおでん屋の艚《ふね》にも使われる。「推定八万五千円？」「売りますわ」と苦笑したが、錦小路の有次本店でこれに似た形の既製品がいくらで売られているのか知っている。実用に徹した姿はまことに美しい。

ささっと勢い良く紺の筆を走らせた太い伊万里大徳利は二合半は入る。私は一合ずつ燗してもらうが、何と言うか「掴む良さ」がいい。

「ますだ」は、大佛次郎、井伏鱒二、司馬遼太郎、吉行淳之介、桂米朝、梅原猛、奈良本辰也、谷崎松子などそうそうたる文化人や学者が夜な夜な集い、談論風発した有名な店だ。議論が熱くなると創業のおかみ・増田たかさんが「まあそう力まんとき」と背中をどしんと叩いてこの徳利で一杯注ぎ、おたかさんに背中を叩かれれば一流と言われるようになった。小さな京徳利の首をつまんで、ではない、わし掴み大徳利で酌み交わすのは談論を雄大に盛り上げたことだろう。

藍染小鉢のお通し〈水菜煮浸し〉はなにげないけれどおいしい。カウンターに置いたおばんざいはおよそ十五種。おから、にしん茄子、沢庵古漬を炊いた〈大名炊き〉あたりは人気だ。さて何にしようかな。

赤い八角皿の〈きずし〉は老練王道の味だ。鯖の刺身を酢で締める〈きずし〉は関西の代表的な肴で、関東の酢洗い程度で刺身らしさを残すしめ鯖とはちがい、しっかりと甘い二杯酢でしんなりさせる。ますだのは特にその特徴がつよく、添えた二杯酢針生姜をのせるとさらによい。余談だが京都の鯖といえばもちろん〈鯖寿司〉で、鯖は焼くか味噌煮かの関東とちがって関西は一枚も二枚も上手。私も必ず土産に買うが、リーズナブルにして味もベストの店がようやく決まってきた。

飲酒の十徳

もうひとつ〈蛸煮〉。これもまた蛸の桜煮は関西が本場で、味の沁みと柔らかさがちがう。無地の青磁皿に濃い赤茶色が映え、あしらった木の芽山椒の緑がアクセント。添えたコンニャクがうれしい。やっぱり歳とると煮物だな。

おそるおそる玄関を開けて入ってきた旅行らしい中高年夫婦は席についてひと息、良い店に来たうれしさが顔に出ている。奥さんは女将のやわらかな応対に顔をほころばせ、ご主人も満足そうに無言で「ウン」とうなずく。

さておばんざいもいいが料理だな。これもいつも注文する〈青唐じゃこ煮〉を箸休めに置いといて、大好きな〈若狭カレイ一夜干し〉にしよう。酒も追加だ。

深緑色の利休皿に斜めに置いた若狭カレイは、真っ白な肌にスパッと包丁が一筋入り、縁側はやや焦げてうまそうだ。

私の隣に座っている老学者風二人の話題が難しい。

「流儀と作法はちがう。知って受け止めるのと、知らずにそうするのは大きな開きがある」

「作法と言ってしまえばそれまでだが、ものの見方と言い換えてもいいのではないか」

私も名を知る文芸評論家・磯田光一氏の文学論あたりまでは聞き耳をたてていたが、三島由紀夫からノーベル文学賞のあたりでわからなくなってしまった。それでもこのカウンターは金儲けや政治の話はなじまないのがよい。

私も何か話してみよう。ここでアルバイトする女子大生は顔なじみだ。

「君はどこの大学だっけ？」

「京都芸大です」

「へえ、何科？」

「漆芸です」

「かぶれた？」

「はい、大変でした」とさわやかに笑う。京都は学生を大切にする町だ。それが上昇志向丸出しの東京の学生とはちがうのびやかな気質をつくる。もう一人にも聞いてみよう。

「あなたは京都造形大の芸術学科だったね」

「はい、美学です」

「何をやりたい？」

「音楽史とか美術史です」

なるほど評論だな。それには文を鍛えないと。

「感じたものを文章に表せることが基本。それにはコンサート評を書きなさい」

「わかりました」

いかん、つい昔の大学での指導癖が出てしまった。それでも「やってみます」と言ってくれたのがうれしい。ショートカットに黒のポロシャツが知的ですよ。

あだしごとはさておき。空気替えに少し開けた窓から先斗町路地を行く人が見える。ちょっとのぞく人もいて、私の盃姿をうらやましげだ。

次の注文〈冬瓜煮〉は、藍染の皿に翡翠色が透明感をおびて美しく、粉山椒がかかる。地味な一品だが玲瓏《れいろう》たる味は奥が深い。さてもう一品はやはり。

「鴨ロースね」

「はい三切れでっか、五切れでっか」

「んー、三切れ」

緑の貝割れ大根を添えた鴨ロース断面ピンク色のセクシーなことよ。味は最上等のローストビーフよりさらに良い。

カウンター後ろは小上りだが、大小の狸置物が占領して、右端半分ほどがかろうじて小卓で残る。店を始めたときおたかさんが縁起かつぎに一つ置いたところ、客が次々に「家族」を置き始め今や雛壇状になった。大きな雌狸の腰巻は米朝師匠が「女やし」と持ってきて巻いたそうだ。愛嬌のある狸連の顔を見ていると癖のあるのもいて、ここに集まってきた文化人連中のようで苦笑。私も端に加わりたいのかもしれない。

その隣の小卓に仕事を終えたらしい黒スーツと白ブラウスの若いカップルが座った。ここは一人で占領はできない憧れの席で、私も三十秒だけ座らせてもらったことがある。はやりの店ではなく、こういう所で向き合う男女っていいな。

さあてゆっくり飲んだ。「今からどこか行かはりますか」「まあね」

窓際の、盃が供えられる狸公は掻い巻きを羽織ってご機嫌な顔だ。右手に握るのは大松茸か、いや逸物のナニにも見える。いつものようにその頭を撫でて出て行く私でした。

食堂おがわ　最も予約のとれない

ここ数年に開店した割烹居酒屋で最も人気となったのが「食堂おがわ」だ。予約は一ヶ月前に締め切られて常に満員。あそこは予約がとれないという嘆きを大勢の人から常に聞く。かく言う私も同じで東京から電話を入れ、予約客が来る七時までの制限付きでようやく一席とれた。この機会を大切にせねばと開店十分前に行くと、もう女性二人が待っている。やがてのれんが出た。

見慣れたV字のカウンター。案内されたのは左奥の末席。一人の私はいつもここだ。左に見上げる小黒板の全品書きは、

〈前菜〉春菊ごまあえ、うどてっぱい、オイルサーディン、くも子ポン酢、なまこ酢、毛ガニ

〈お造り〉たちうお、よこわ、ふぐ、たこ、きずし、さわら味噌漬、ぐじお頭焼き、ぐじ塩焼き、かもハム、だしまき、うなぎ八幡巻

〈温物〉すっぽん鍋、かぶらむし、ごまどうふ揚げ出し、ぐじ酒むし、はも天ぷら、鳥唐揚げ、しょうがかき揚げ、ぐじ唐揚げ

〈ご飯もの〉かき御飯、ぐじ御飯、じゃこチャーハン、さばずし。

いちばん安いのはオイルサーディンとだしまきの各五〇〇円、いちばん高いのは毛ガニとぐじ関係（塩焼き・酒むし・唐揚げ・ぐじ御飯）の各二五〇〇円。私はここの全メニュー制覇をめざし、すでに経験済みもある。さて――。

私は最後のメインから決めてゆく。今日は〈鳥唐揚げ〉だ。なんだ平凡なものをと思うだろうがわけがある。それの前は、やはり酒を飲むから魚がほしい。お造りは〈たちうお〉だな、これをどう出すかな。人気の〈だしまき〉は必ず誰かが頼むからそのとき便乗、店主の仕事の省エネだ。店はすでに混んできてどんどん注文がとんでいるから、料理の出は遅れるな。酒の手元に何もないのは淋しいから、味はわかっているが季節最後の〈なまこ酢〉を置いとくか。よし決まった。

「注文します。酒、喜楽長お燗。なまこ、その後たちうお造りね」

「はい、太田さんお燗」

そしてしばし。やがてツイー……ええでんな。

全員に用意している小さな小鹿田焼の小碗お通しは〈茶碗蒸し〉だ。「中にコノワタいれてます」へえ。黄色の真ん中にちょんとのせた緑の山葵をくずして一口。あまり固くしないマイルドなスープ風が、沈めたコノワタの生臭みある苦味を包んで、酒のスターターとして最適だ。茶碗蒸しは好物だけれど、中から銀杏やら鶏肉やらキノコやらがぞろぞろ出てくるのは女性好みで私はあまり好きでなく、シンプルな玉子だけがいい。それを左党好みにした。やるな。

末席と書いたがじつはここは最上席で、なぜかと言うと目の前に総錫《すず》製二穴の小さな燗つけ

器があるからだ。持ち手ハンドルがつくのは野外用だろう。ここで自分の酒の燗をじっと待つのはよいものだ。まだ若い主人・小川さんがこちらに来たとき声をかけた。

「これは懐かしいな」

「向うの店のときは大きく見えましたが、ここでは小さく見えますね」

向うの店、とはここから十メートルほど離れた所の最初の店だ。

平成二十一年に開店した「食堂おがわ」の評判を聞いて私はすぐ出かけた。しかし西木屋町通四条下ル、高瀬川沿いにあるはずの店が全く見つからず途方にくれ、白壁アーチの洞窟バーのような小さな入口に魚のスチロール箱が重なるのを見て、おそるおそる声をかけるとそこだった。

京都の一流割烹で修業を続けていた小川さんは、そのころから食通に「あいつはいい」と評判をとっていた。自分の店を持つにあたり、空きスナック店舗を「和食に白い洞窟風の入口もおもしろいか」と居抜きで開店。極小半円カウンター六席ほどの中に冷蔵庫、焼物煮物の台を無理やり入れ、自分はカウンター先頭に飛行機コックピットの如く立ち、客のすぐ目と鼻の先で次々に包丁をふるう。超せまい店でビールは客に「すみません、後ろ（保冷庫）から出してください」「おう」の世界。たぶんそこはカラオケのあった場所だ。奥さんが皿や材料を主人に用意し、お燗の酒を見に行くときは、主人は包丁を持ったまま腹を前に寄せて後ろを空けないとすれちがえない。その燗つけ器がこれで、私はそこに座ったのだった。そして、そろいの黒Tシャツ姿で必死に働く主人と美人奥様にほれぼれし、めくるめく料理に圧倒された。

その一ヶ月後、二階からの出火で店は冠水し閉店を余儀なくされた。開店一年ほどでのもらい火災は気の毒としか言いようがないが、二人は意気軒高。同じ通りの十メートルほど先に格好の空き物件をみつけ、今度は居抜きでなく存分に自ら設計して半年後に再出発となった。三方から見られて立つカウンターも、厚さ一尺（！）の俎板というよりは木塊の台、その上の三寸ほどのこれも厚い俎板も、錫の燗つけ器も変わらない。

旧店はどうなったかと今前を通って来たが白い洞窟風は復活してまたスナックらしい。京都一のにぎやかな交差点・四条河原町を少し南に入った細小路のこのあたり「阪急裏」は、阪急デパートがなくなってこの通称も使えないが一等地に変わりはなく小さな老舗飲食店がならぶ魅力ある小路だ。

目の前に置かれた白い大根おろしがたっぷりかかった品は私の注文ではない。

「これは？」

「なまこです」

「え〜!?」

珍味ナマコは薄切りを紅葉おろしのぽん酢に浸して出す酒の肴で、ごく薄く切るゆえにコリコリした噛み心地を味わえる。しかるにこれは太さ五センチの巨大なナマコを、厚さ二センチにごろりと切った「ぶつ切り」いや「鉈《なた》切り」で、巴のような濃茶色の断面は奈良漬の如し。

？？？？

「これナマコ？」「しばき倒すんですわ」「茶振り？」「とは違います」何のことかわからない。

いわく、大きなナマコ一本を砂利に入れて十分ほど揺すって「精神的にダメージを与える」と身が柔らかくなる。やり過ぎるとふにゃふにゃで使えない。それをぶつ切りして、ぽん酢醤油でなく大根おろしだけでいただく、と。半信半疑こわごわ端をかじると、ナマコのぬるりコリコリは全く変わらず、一口の風味のボリューム感が圧倒的だ。へえ……。

〈たちうお造り〉は今、皮を焦がした焼霜つくりで生温かく、内側の身はまだ冷たい。香り良い焦げ風味と上品な生刺身の対比は岡山で珍重するサワラの叩きのようだ。添えた超繊切りの茗荷が白拍子とその小姓のように合い、これは酒をうまくする工夫だ。

左の背高の古い茶箪笥は、ぎりぎり天井におさまるのを道具屋でみつけて買った。一升瓶を並べる浅い専用棚は手作り。天井から下る昔のソケット電灯には古ガラスの笠。自分の店を自分でこつこつ充実させていった跡が好ましい。

しかし最もエライのは仕事場地面を一段下げ、立っていても客を見下ろさぬようにした最初の設計だ。これは後からは変えられない。決して広くない調理場に簀子板を敷き、主人を含めた男四人が、同じ黒半袖シャツ、黒ズボン、黒エプロン、黒足袋、白鼻緒草履で働く。若いのが出汁の小皿を何度も何度も渡して味をみてもらう。小川さんは親方然とせず「○○君、あれ出して」と小声をかけ、手が空くとどんどん洗い物もやり、「静かな忙しさ」が店に好ましい安定感を生む。次の酒「萩の鶴」お燗を頼むと、「萩の鶴お燗していいですか」と小川さんに耳打ちし「六十度」と答えるのが聞こえた。

客全員が注文した、これ以上出汁を入れると固まらないほどジューシーな〈だしまき〉を経て、最終までもう一品と頼んだ〈オイルサーディン〉は前の店にあった懐かしい品だ。

「復活ですか？」

「いえ、いいイワシが入ると時々やるんですが、久しぶりです」

腹を空けたイワシはしょっぱくも脂ぽくもなく、実山椒たっぷりのヒリヒリが酒に格好で、すこし温めてあるのがいい。

箸をつかう手元の、木を削ったような箸置きは初めて見るが、持つと鋳鉄で裏に「おがわ」の字が浮き彫りされる。こういうものも揃えられるようになったんだ。いやここを愛する常連のプレゼントかもしれない。

おがわの良いのは名カウンター割烹然と、客が親方に愛想をつかうような空気が全くないことだ。それは自分はまだ若いことを意識した黒半袖シャツや、どんな質問にも丁寧に答える小川さんの誠実な人柄だ。客は味にうるさいグルメ風ばかりではない。いつかの夜は、洋装でも髪形でふだんは着物とわかる、今日は休みらしい近所の料亭の怖そうな年配女将四人が座り、焼酎お湯割りを手に「まあ、ええ仕事しとるわ」と品定め。小川さんはこれはおとなしくしているに限ると仕事していた。

さて最後の〈鳥唐揚げ〉だ。いかにも頼み甲斐のないこれにしたのは、食通の知り合いから完成に二年かけたという話を聞いたからだ。なにも平凡な鳥カラなど当店になくてもよいと思うのだが。

その〈鳥カラ〉は、骨を二本抱いた小ぶりが二つ。カリリと揚がった外皮に包まれた肉のはんなりとたたえる色気は〝新妻の夜の床のごとし〟。きりりと効く柚子胡椒が不埒な感想のおいらをぴしゃりと平手打ちしたことでした。

さあてもういい。次の客が来るだろう。立ち上った棚上の「火用心」の札脇に「大寒」と大書した一升瓶が置かれている。中は水らしい。

料理を追求する小川さんは水にこだわり、毎朝ポリタンクで近所の下御霊神社に汲みに行く。御神水一年一万円の契約で出汁も調理もすべてこれでまかなう。新春一月二十日の大寒に汲んだ水は、その一年の火除けになるそうだ。最後の一月十九日には外に撒き、また新水を汲む。開店一年目のもらい出火は、やはり心にきつい戒めを残したのだろう。

今は休んでいる美人奥様の様子をきくと、子供もまもなく五歳、店に出ようと思えばできるが、子供はやはりきょうだいがある方がよいと二人目を待っているそうだ。私は小川さんの、優しく、しかし一歩一歩計画的な人柄を感じたのだった。

小鍋屋いさきち　こころ温まる隠れ家

祇園新橋。石畳の真ん中に「車止」石柱の立つ巽橋たもと。V字に道を分かつ端に、寄進名入り朱塗り柵に囲まれて辰巳大明神の社が建つ。春は白川端の満開の桜が手に届くまで枝を下げ、有名割烹の川面の窓から宴席が見える。テレビドラマで場所を示す「京都」の字の背景によく使われ、ここから先は一見さんお断りのお茶屋街になる。

そこのとてもわかりにくい奥に知っている店があるのは優越感をくすぐる。人ひとり通れるだけの黒板壁にはさまれた狭い路地を進み、ここではないなと不安を持ち始めたころにあるのが居酒屋「小鍋屋いさきち」だ。場所柄さぞ格のある隠れ家玄関を予想するが、小さな玄関脇の白ボードに「ゆばなべ」と赤サインペンで大書、「いさきち君」とでも言いたいゆるキャラぎょろ目のイラストが添えられ、こんどは逆の意味で「ここではないな」という不安をおこさせる。でもここだ。

「いらっしゃい」

主人は愛想があるのかないのか、何度か来ている私を憶えているのかいないのか、挨拶はそれだけだ。でもいつものこと。とりあえずビール。

当店は名の如く「小鍋立」が売りだ。カウンター八席と小上り二席は一人用電磁調理台が仕組まれ、そこに鍋を置く。熱加減は主人が手元のリモートコントロールで調整する。鍋はすべて一人小鍋だ。

その鍋は「青物と何か」の二種組み合わせが基本だ。年中あるのは、アサリと大根、しじみと大根、水菜と揚げ、三つ葉と茸、九条葱と鶏、きんぴらと鶏、じゃがいもと鶏、にらもやしと鶏、白才菜と鶏、など。鶏はすべて豚にも替えられる。さらに湯葉鍋、鯛しゃぶ、季節の牡蠣鍋、雲子鍋、ブリしゃぶもある。私の定番は池波正太郎『剣客商売』に出てくる〈アサリと大根〉だ。主人は池波の本の小鍋はすべて試しこれだけが残った。他は食材保存ができなかった時代の工夫で、今は新鮮な食材でもっとおいしく作れるそうだ。

たっぷり出汁を張った径十五センチほどのステンレス鍋を置き、黒皿にはアサリと大根千六本。アサリがカパッと開いたら食べごろでぽん酢醤油だ。しっとりと色っぽいアサリとしゃきしゃきした大根はまさに出会いもの。よく効く粉山椒をたっぷり振るとさらに良く、どんどん箸がすすむ。主人が言うには、葱、揚げ、貝は山椒が合うそうだ。

目の前で鍋が煮えているのはやはり良いものだ。そして鍋は一人鍋に限る。居酒屋で人数も多いし鍋でもとるかとやると大体失敗する。鍋といえども立派な料理、順序も食べごろもある。そこで登場する鍋奉行だが、まだダメ、さあ食えと他人の指揮下に入るのはおもしろくない。また一見豪華な具沢山の寄せ鍋がいちばんつまらなく、最初はまだ煮えていないのを争ってとり、最後は煮えすぎた食べ残しになる。鍋の具はきっぱり二種まで、もう一つ入れても豆腐のみ。一杯やりながら一人マイペースで小鍋煮えばなの維持管理を楽しみ、食べ終えたら早々に下げ、いつまでも置いておかずに口を拭き、ぐっと一杯やる。皆でつつきあうなどもってのほかだ。以上、池波＝太田流江戸前鍋作法。

てなわけでさっと食べ終えた。これはまだプロローグ。次の鍋に入るがちょっと中休み。ここは鍋以外の肴もたいへん充実し、カウンター上で湯気を上げていた〈おから〉を頼もうと思っていたらお通しで出され、得した気持ち。細かな具の入るおからはなめらかに肌理《きめ》細かく、裏漉しするのだそうだ。

茶碗蒸し、ぐじ酒蒸し、そば蒸し、骨蒸し、生ウニととろろ蒸し、ゆば饅頭たつみ蒸し、など蒸しものが充実。〈鯛の南蛮漬〉は添えた沢山の玉葱がうれしい。絶品は、一度煮て良く味のしみた大根とアラではない本身のぶりを、縁が黒く焼け焦げた掌ほどの超小型土鍋でそのつどグラグラに煮て、山盛り青葱に粉一味をどっさり振る〈ぶり大根〉。その熱々の濃厚なうまさは必食だ。主人は料理好き、それも手のかかるものが好きなようだ。

多い品書きの中でユニークなのは〈エレベーター〉。これは揚げと大根おろし、つまり「上げて降ろす」のシャレ。初めての客に「エレベーターって何ですか？」と聞かれるのが「会話のきっかけです」と無愛想な顔で言うのがおもしろい。〈長いまま〉とあるのは今いただいたおから〈きらず〉で「切らず」。〈インディアン〉というのもあって尋ねるとこれはシャレではなく、長崎で作っている骨付きソーセージの商品名なのだそうだ。

さて何にしようかな。盃を置いた手で顎をさすって思案。気取った店ではなし〈納豆オムレツ〉だ。

これがうまい。納豆というものは存在感あるな。引き割りを使うそうで、ボリュームある大きさに、刻み込んだ紅生姜がお手柄のよいアクセントだ。

さて次の鍋は、数ある中でも彩り美しい〈九条葱と鶏〉に豆腐も入れてもらおう。思い切って大きく切った青と白の九条葱は温めてぬめりが生まれ鶏との相性もぴたり。青とピンクと白がじつに粋で、歌舞伎二枚目はこれを注文して、さっと盃をあおればまことに絵になる。食べ終えて残ったおつゆも小碗で飲み干しすぐ下げてもらう。小鍋は腹いっぱいにならないところがいい。さてまたしばらく酒。

主人の支度は、鮮やかな黄色の半纏《はんてん》ときれいに畳んだ同色の鉢巻、と派手だ。半纏の胸には赤いタコ君人形がさがる。半纏は六色あるそうで日によって替えるという。

「色はどうやって決めるの？」

「洋子さんが決める」

「ん？」

「嫁です」

奥様は店には立たないが、昼間来て店を掃除し、その日の弁当と半纏を置いてゆく。「私の希望で着ているのではないです」と真顔で言うのがおもしろい。この人は無愛想にみえておもしろい人だ。

それに愛妻家！　壁にたくさん下がるきれいなストラップ飾りは、玉子ケースの空き箱で作るという奥様の手作りで「花子さん」と「いさきち君」の好きな方をいただける。若い女性など両方もらう人もいるそうだ。玄関のぎょろ目イラストはやはりいさきち君だった。胸のタコ君をくれと言われることもあるが「これは嫁が私だけに作ったもの」であげられないとか。はいはい。

座る椅子の薄い座布団の真っ赤な御所車など派手な柄布は、京都の女の子の七五三参りと、女子の成人とされる十三参りの衣裳を作る渡月橋の反物屋がつぶれて買っておいた布で奥様が作ったそうだ。

「ボク、洋子さんに会いたいな」

「人前には出ません」

ダメか。

「たまに二人で洋食食べに行ったりしますけど」

よろしいでんな。ご馳走さまの気分で次の鍋に移ろう。負けないぞ（?）と選んだ〈ブリしゃぶ〉は、大切りブリ刺身七枚が白菜・豆腐・えのき茸・しめじ・舞茸・ごぼう笹掻きを従えて豪華だ。

「まずごんぼ入れてください、出汁が出ます」

ブリ切身を軽くしゃぶしゃぶすると脂がさーっと流れ、たちまちまわりが白くなったのをぽん酢醤油で食べるうまさよ、すべての味を吸ってくたくたになった白菜のうまさよ。

料理人を志した主人は京都の名料亭「たん熊」に入った。名前は「勇」だが、徒弟社会の料亭の追い回しは名前で呼んでもらえなく「○太郎」や「△吉」になる。私、和彦なら「カズ吉」だ。主人は「いさむ！」ではなく「いさ吉！」、その上にいつも「コラッ！」がついた。自分の店をもつとき店名を考え、結局それにした。「いまではええ名前や思てます」と述懐していたのがよかった。

わかりにくい場所の小さな店に何か特徴を出そうと、出汁だけ丁寧にひいておけば組み合わせで楽しめる小鍋立を考えた。鍋は火加減が難しいがリモコンできる電磁調理器で解決。ところが電磁調理器は使える鍋が少なく探すのにひと苦労。大阪で試しに一個買ったのがうまくゆき、それで実現した。出汁が命だけに昆布は利尻の最上級の、値が安い短いのを使う。

気軽な小鍋はきれいに食べられるので祇園のお姐さんたちにも好まれ、お仕事前の着物姿に持参の白エプロンを盛大にあてていただく姿を見たこともある。まだ見習いの若い子がお姐さんに鍋からよそって差し出していた。後ろの女性三人組が豆乳の〈ゆばなべ〉に歓声をあげる。これは最後に「にがり」を打つと豆腐ができる。

やっぱりここはいいなあ。湯気を上げる小鍋と武骨な愛妻家主人に、身も心も温かくなった。

さっき来た黒板壁あいだの細路地を戻ると中天に満月がのぼっている。なにかまだ帰りたくない気持ち。赤い顔で辰巳大明神に手を合わす私でした。

蛸八

二代目も男前

縦の新京極通と横の蛸薬師通の交わるところはちょっとした広場になり、気軽な立ち食い、路上に洋服を提げた店や公衆トイレがあり、修学旅行生たちのたまり場だ。すぐ隣の寺町通はおしゃれで、田舎の旅行生にはややまぶしいのだろう。そこに通じるところの大店和菓子「寛永堂」の隣に間口一間、やや片身狭くあるのが「蛸八」だ。いつも自転車が置いてあるが真っ白なのれんは心意気を感じさせる。

「ここは蛸薬師通、蛸の足は八本、末広でんねん」

そう言っていたご主人は今日は姿が見えない。

「去年十一月、亡くなりました、八十二でした」

「そうですか」

初代を最後にお見かけしたのはいつだったたか。昔から父子で立っていた二代目は男盛りだ。奥から出てきた、緑のチェックシャツにジーンズ、長い髪を後ろで束ねた大柄のすてきな女性を「これ、かみさんです」と紹介し、私は腰を浮かせて挨拶。よし、このタイミングと封筒を渡した。

「おみやげです」

「はあ、何どすか？　あら！」

先日古いものを整理していると、およそ十年前ここに初めて来たとき店の父子を撮った写真が出てきたのを持ってきた。

「あんたまだ若いわ」「へえ、細いな」「お義父さんも若いねん」

どれどれと客も見たがり「へえ」と言っている。目的は果たした、あとは酒。

「燗酒ね」

「はい！」

カウンター十一席だけの小さな店。私は開店六時やや過ぎに予約なしに来たため、七時半までの制限付きになった。さて何にするかと額の筆字を見る。他に品書きはない。

たい　鴨ロース
いか　かしわ
かつを　うざく
ぐじ　味そ漬
たこ　合物
穴子　小芋空揚
生ずし　あげ納豆
くも子　すっぽん鍋

かき　丼物

一時間半あれば三品はいけるな、ではまず。

「かつをとたい」

「今日はひらめになるんです」

「いいよ」

今は桜鯛のころであてにしたがまあいいか。さあ始めるぞ。

ツイー……。

長角皿のお通しは〈菜の花お浸し〉こちら風に言えば〈菜の花とお揚げの炊いたん〉と〈鯖寿司ひとくち〉。極細切りの油揚をからめた菜の花のほどの良さ。透明な白板昆布に透ける鯖寿司は脂ののったしめ鯖の旨さに加え、しっとり湿って締まった酢飯がすばらしい。瑠璃色皿の刺身は派手に飾らない最小限の盛りつけに厚切りが横たわり、奥様が今おろした山葵がたっぷり添えられる。ひらめの上品な脂、まだ血の気の少ないきれいなかつを、ともに申し分ない。無理して座らせてもらってよかったな。

問わず語りに亡くなられた先代の話になった。息子さんである二代目は他店での修業を終えて二十七歳で戻り、十六年間厨房で父を支えた。「父は料理のセンスが抜群ですべて目分量、真似しよう思うてもできまへん」特別変わったメニューがあるわけではないが、それだけに難しいと。父は昭和七年の生まれでこの店は三十七年目。その前はすぐ近くにあった極小の店でトイレもなかった。

「でもそこの広場に公衆トイレあるよね」

「そうなんですが、ちょっと用足しと言って出たきり帰って来ない人もいて」

「わはは、その手があったか」

狭い店の客の後ろをかき分けるのに気がひけて、裏口から出てすませるのもいたが京都のこと、そこは墓地だったそうだ。きっとバチが当たったぞと笑う。昔の話だ。

先代は歳とってからもなかなかの男前で、それ目当てに熱い視線のご婦人客も多く目撃した。息子の彼もコミック「スーパーマン」の主人公のように顎の張った、胸板厚い男前だ。奥様が店の奥に消えたのを見届けて小声をかけた。

「お葬式には見慣れない通夜の客が大勢来たんじゃない？」

「いや、知らせずに小さくやりましたから。それでもどこからか聞いて来てくれた人も」

それはそうだろう。

「ぼくは長男ですが、ほんとは二男か三男だったりして」

「わはははは、おっと」

奥様が戻ってその話は打ち切り、主人は仕事。どなたかの頼んだ〈ぐじ〉に末広に金串を打って尺塩を振り、炙り始めた。ころあいを見て取りだし金串を抜くと丁寧に皮を剥ぎ、湯気を上げる身を客に、剥いだ皮は再び炙る。

「それはうろこを残してあるよね」

「そうです」そのうろこが熱で逆立ってぽろぽろ剥げ落ちないように焼くのが難しく、先に焦げた所は、昔は大根の皮、今は小さく畳んだアルミホイルを部分的にかぶせて手当てし、全体を均一にならす。その間は俎板を離れて付きっきりで火の元にしゃがみこんで世話する。父に教わった方法だそうだ。

「その皮だけくれる？」

「そらあきまへんわ」とみんなに笑われる。

「かき、はどうするの？」

「はい、焼くかフライか、鍋でも」

「かしわ、は？」

「焼くか、唐揚げか」

「合物は？」

「葱のてっぱい、ぬたですね」

「それ、それと生《き》ずし」

合物は和え物のことでその日で異なる。今日は葱とタコとイカを白味噌と辛子で和えてとてもおいしい。おろし生姜を浸した三杯酢でいただく〈生ずし〉は、しっとりとしなだれて「京都一の艶っぽさ」と書こう。

三十七年を経て角が丸くなった枯れた清潔感のカウンターがいい。客は奥から女性二人、夫婦らしい落ち着いたカップル二組。夫婦とわかるのはあまり話をしないからだが、気軽なセーターでこんな店で夫婦の時間を持つなんていいな。今入って来たのは小学生らしい女の子を連れた若夫婦だ。その注文がすごい。「刺身盛合せと鴨ロース、小芋空揚、ぐじ、穴子は二人、合物も」。かわいいお嬢ちゃんも箸を上手に使って鴨ロースを食べている。店の奥様が話しかけた。

「朝ラン行っとる？」「行っとるよ、ぼくはいつもここに旗持って立っとるねん」「カイダ先生？」「そや」。どうやら子供が同じ小学校らしい。たまらず隣の方に何年生ですかと聞いた。お嬢ちゃんは小四で、こんど六年生になる上のお兄ちゃんと店の子が高倉小学校の同級生とか。高倉小ならいつもその辺を歩くからよく知っている。いつかは入学式で、親子が晴れ姿で写真を撮るのを好ましく見ていた。

「手前の公園がいいですね」

「みさやま公園、字はどう書いたかな」

「おんの御、射すの射……御射山公園」と店の奥様が答える。

新京極は京都でいちばんポピュラーな繁華街だ。そこにぽつりとある割烹居酒屋の客は、お上りさんではないご近所の常連さんばかりだった。さて。

「ぼくも、ぐじ」

「すみません終わりました」

「えー!」

悲鳴に客が笑う。「ぐじ(愚痴)ってもダメか」の冴えないシャレは笑ってもらえない。仕方ない、そろそろ〆よう。

〈丼物〉はご飯もので今日は穴子丼、鉄火丼、かき雑炊、玉子雑炊、すっぽん雑炊など。隣の方が注文した穴子丼用に煮穴子をもう一度すこし炙り始めた。あれがいいな、自分もと思ったが予約客の来る七時半に残り時間十分を切った。二代目にうかがうと、もう間に合わない、すみませんと片手を立てる。そこにルルルと電話。「ちょっと遅れるそうです」と朗報。隣の方にはすまないが、炙り終えた煮穴子で先に一人前作っていただきわしわし。終えてお茶をいただくと「遅くなりましたー」と予約客到来。最後は礼を言ってあわただしく席を立つ破目になった。ぐじはこの次だ。

〈もやし炒め〉に感動できる店がどれほどあるだろう。――櫻バー

伝票にまで時代を経た本物の力がある。雰囲気を作るのは客だということもわかる。
——京極スタンド

小さな店の大きな志を見守っている人がいる。

——そば酒　まつもと

酒場で青春の輝きを感じるなんて、
東京ではついぞなかったな。
——酒亭ばんから

箸立の狸相手にひとり酒。
遠くから恋の唄が聞こえ
てきた。——たつみ

櫻バー

京都居酒屋の真の実力

京都の居酒屋の真の実力をまざまざと思い知らされたのが「櫻バー」だ。東京のテレビ制作会社の人に「うまくて量があって安いので、若いスタッフにお前ら何食べてもいいぞと、打ち上げによく使っている」と聞き、何かのついでに期待もなく入り、出るときは印象が一変していた。

そのころ旅連載をまとめた『ひとり旅ひとり酒』（京阪神エルマガジン社）という本を準備していて、京都編を書き下ろすことになり早速この店を書いた。この種の本をたくさん作り、京都の名店はおよそ知っている担当の女性編集者もここは知らず、行って絶賛。本に収録をお願いしたが、雑誌などに一度も紹介されたことがないと断られた。彼女はその後自費で三回通い、「あんたならええわ」と根負けさせた。

場所は五条大橋の東、清水坂に至る途中を左に入った平凡な住宅地の中。坂上に清水寺はあるものの観光地では全くなく夜は真っ暗。その店が予約で連夜の満員。客はほとんど近所の人ばかりらしく観光客は見たことがない。今日も一人だが慎重に予約して開店五時に入った。

雰囲気があるとは言えない奥に長いだけの小さな店で手前に二畳の座敷、厨房に並行してカウンター十席、突き当たりは二畳の小上り。その狭い小上りはすでに四人二組、計八人が座り、長居するつもりで来ているとわかる。私はカウンター。素朴な丸刈り黒Tシャツの主人、胸当て前掛けの奥さん、手伝う男二人の計四人は大車輪状態が始まって主人はこちらを見る余裕もなく、しばらく「日替わり　1月〇日」と頭書された横四メートルほどの巻紙品書きを読み、注文候補を選んだ。すでに経験済みの品もたくさんある。

みずな煮、くみあげ湯葉、小芋唐揚げ、いか・たこてっぱい、すじ大根煮（超名品）、湯葉あんかけ。揚げ小芋あんかけ（これは必ず）、玉葱と小えびのかき揚げ（同じく絶佳）、春の菜天ぷら（前回隣の夫婦が食べていてものすごくうまそうだった）、穴子天ぷら、白うお天ぷら、ひらめ梅しそ巻天ぷら（何だろう）、天然帆立貝しょうゆ焼、あさり酒蒸し・バター、焼はまぐり、はまぐり酒蒸し（これも絶佳）、たい子煮、かにつめフライ、飯だこ煮、くもこぽん酢、鯛あら煮……。ウーン。本日の刺身は黒板に別書きだ。

今来て私の隣に座った夫婦は即座に「人参葉お浸し、フキ煮浸し」と、私がどっちにしようかなと迷っている二品を両方注文。さらに「鯖きずし」を加えると、主人が「まだもう少し、出しごろこちらで決めてええですか」「いや、浅いうちに」と答えたのは酢〆具合のことだろう。その目で初めて主人がこちらを向き「太田さんどうも」と言ってくれた。答礼もあらばこそ、このタイミングで注文だ。「人参葉おひたし、はまぐり酒蒸し、燗酒」「はいただいま」ともう主人は鍋に手がのびる。

その〈人参葉おひたし四二〇円〉の味付け、ごまの香りのすばらしさ。次の料理が出るまでのひと箸のつもりがたちまち食べ終え、残った汁も飲み干す。行儀わるいがそうせずにいられない。

東京の酒飲みは「とりあえず刺身」だが、京都の人はあまり刺身を食べないとわかってきた。それよりもこういうさりげないものから入る。いつか軽い気持ちでとった〈こんにゃく煮四二〇円〉は絶品だった。すぐに出た〈はまぐり酒蒸し〉は、大丼に刻み葱がほどよく散って湯気を上げるなみなみとしたおつゆをまず吸い、これも丼を離せなくなる。「一人前五個ですが三個でもええです」とのことで三個にしたけれどこの旨み。これも一滴ものこさず完飲だ。

ふうー……。ようやく落ち着いて酒に。酒はガラス瓶徳利の「キンシ正宗」を鍋の湯に寝かせてそのまま瓶燗するてらいのなさがいい。料理が忙しいから酒はこれにしといてください、なのだろう。しかしその中庸が料理に合う。次の注文〈飯だこ煮〉は「これは半分できませんで一匹ええですか」と主人がことわる。この店はみな量が多く、一人客には「半分もできますから言うてください、値段も引きます」とそのつど言うのが良心的だ。

飯だこ煮には頼もうかなと思っていた〈フキ煮〉が少し添えられてしめしめ。そのフキは水晶のように美しく、味もまた。私は関西に来たら（関東より確実にうまい）タコ煮をとるのが通例になったが、春のイイダコは格別。二つ切りされたまだ小さい頭に米粒のような子がぎっしり詰まる。柔らかく煮えたタコは始めはきりりとキレ良い味が、噛むとじんわり甘味がわいて途中で箸を置けない。ここの料理はみな途中で箸を置けない。

店内にうすく流れる有名でない演歌がいい。奥小上りのおばさん四人はビール大ジョッキが二杯目に入り、食べる食べる、話す話す。その隣の男四人の一人の髭の西洋人は、両手を膝においた真っ赤な顔で盛大に口を動かし無念無想、味の境地に浸っているようだ。

隣の夫婦が帰り交替に座った男女は「とりあえず竹輪天ぷら、あとチキンカツ、いか焼」の注文だ。〈竹輪天ぷら〉は五三〇円でここでは高い方だからあなどれないかもなと思っていたが、他はずいぶん芸のない注文だ。そして気づいた。そうだ、ここは本日の品書きの長大な巻紙の他に塩ビケースに入ったレギュラーメニューもある。そちらは〈一品〉として、ポテトサラダ、野菜サラダ、じゃが芋フライ、月見とろろ、じゃこおろし、小芋煮、あんかけ豆腐、きつねあんかけ豆腐、だし巻き玉子、いか焼など。〈揚げ物・炒め物〉として、いか唐揚げ、野菜天ぷら盛合せ、串カツ、もやし炒め、野菜炒め、チキンカツ、牛ミノ湯びき、牛すじと白菜のみそ鍋、豚バラもやし炒め、牛ミノフライなど。季節に関係ない品はこちらのメニューで、麺・ごはん類もたっぷりある。当店は今の店主の祖父母が大正十二年にうどん屋を始めたのが最初で、それから何でも作ってきた結果だろうか。

チキンカツの注文で奥さんが始めた添え野菜の支度は、キャベツ、いんげん、万願寺、米なす、人参、玉葱、ブロッコリなどあらゆる野菜を丁寧に刻んで混ぜ合わせ、あるものは串に刺し、最後はトマトをたっぷり切ってマヨネーズ少しとドレッシングで仕上げ、もう立派な大盛り野菜サラダにポテトサラダも盛大に添える。そこに主人の揚げたチキンカツがざくざくと切られて入った。

「ちょーっと堅めに揚がったんですが、いかんかったらほっといて」。二人は机の「パパヤソース」を盛大にかけまわしてしばし……。「うまい、この揚がりもいい、うまい」「おいひー、ほんとにおいひー」「ポテサラがまた」男女二人の食べっぷりよく、たちまち刻みキャベツ一本残さず、というか一本残ったのを未練ゆえかやや遅れて箸でつまんで完食。さらに見た目は何の変哲もない〈いか焼〉も奪い合うようになくなる。もちろん食事に来たのではなく酒のあてに取っているのだが、出ると即完食は私と同じだ。つまんない注文だなと見ていたが、この変哲もない品があなどれないんだ。

私の〈揚げ小芋あんかけ〉は、深鉢の葛でとじた餡たっぷりの真ん中に大海の小島の如く揚げ小芋が顔を出し、緑の木の芽山椒と黄の柚子皮をあしらい、まわりに刻み椎茸が同心円に散らばる優雅な姿。まず匙で餡を一口、そのうまみが凝縮してとろけたうまさ！　四つ沈む揚げ小芋の焦げ香ととろりとした食感の対照の妙。餡の葛打ちは弱めにして汁気を残し、紅白の刻み海老も沈む。本日最上のものをいただいた満足感にさらに酒がうまい。

これほど次々に料理注文がとぶ居酒屋も珍しい。客はほとんど常連のようで好みの品が決まっているようだ。今来て座った紳士の注文はなんと酒と〈もやし炒め四八〇円〉だ。ところがこの注文に主人は緊張したらしく「これはオレがやる」とばかり塩、胡椒、調味料をじつに繊細に振り味を確かめて、フライパンの返しを繰りかえす。でき上って届いた皿はたちまち空になり、隣客と「ここは何食べてもおいしい」とうなずき合う。単純なもやし炒め四八〇円が入魂の一皿だ。私はなんだか感動してきた。祖父母のうどん屋を味一筋に発展させ、近所に大勢常連が生まれた。

それは「腕」だ、腕のあることが平凡な料理を感動させるものに仕上げている。私はまだ「せっかく京都に来てもやし炒め」とひるんでいるが、次はぜひ食べてみたい。

経験済みだが抗しがたく注文した〈玉ねぎと小海老のかき揚げ〉は「小さくしときました」と言うにもかかわらず直径十五センチはあり、緑つやつやと美しいししとう素揚げを添えて、たっぷりの大根おろしと生姜が頼もしい。ざくざくと太切りした玉葱と、小海老といえども大きな海老は最小限に少ない衣で、みしりと固まらず、ばらばらになる寸前でまとまった見事な姿だ。天ぷら屋の天ぷらは衣がおいしいが、居酒屋のは素材の揚がりだ。ざぶりと天つゆに浸けた、超あっさりの油の軽い揚がりで甘味が強調された玉葱、海老のうまさよ。

「太田さん、おひさしぶりでございます」

奥から手を拭きながら出てきたのは、ご高齢になられた小柄なお母さんだ。初めて来たとき、重いビール大ジョッキを両手に運び、皿を洗って棚にしまい、終わった食材をかたづけ、ゴミを外に出し、客の上着をハンガーにかけ、履物をそろえ、といつも何か仕事はないかと白ゴム長でせっせと気を配って働くお母さんに私は心温まり、尊敬を感じた。今日も来る客が「お母さん元気?」と声をかけて座るのをうれしく見た。客はみなよく働くお母さんのファンのようだ。

「おいくつになられましたか?」

「八十四、昭和五年生まれでございます」

「この間、雪合戦したんですよ」と主人が言うのは、この正月(平成二十七年)京都は六十四年ぶりの大雪で、その雪景色を見に外に連れ出すと「こんな雪は子供のとき以来」と息子に雪つぶてを投げつけたそうだ。

「あっはははは、それはそれは」

「楽しうございました」の返事に店中の客が応えて笑った。この店は味が良いだけではなかったのだ。

京極スタンド　昭和のバール風

新京極。真っ赤な図案文字「スタンド」に白のれん。料理サンプルが三段並ぶガラスのショーウインドに左右をはさまれた古風な玄関はガラスの入る両開きスイングドア。レトロな昭和モダン食堂はこのままドラマに使えそうだが、流行のレプリカではなく、創業昭和二年の「本物」であることが貴重だ。

長方形店内の床は黒テラゾー（人造石）、腰壁は釉薬焼付タイル、立ち上る白壁はそのままカーブして天井になる。天井中央の舟底状は白壁に当てる間接照明がおさまり、羽根扇風機が三台ゆっくりまわる。

注目は店内右寄りに置いた白大理石の長い置きカウンターだ。床からの立ち上りは黒御影石で真鍮の足のせバーがつく。カウンター幅は狭く、両側の丸椅子に座る客同士の顔は近い。店内左は大鏡に沿って半丸のテーブルが四つ。正面奥の石のハイカウンターは昔は立ち飲みスタンドだったようだが今は酒の仕度場所だ。壁にはステンドグラスの照明がいくつか。石と金属の内装はアールデコの味を残し、イタリアやスペインのバールと変わらない。

でありながら壁の品書き札は右から、かす汁、柳川なべ、湯どうふ、ホルモン焼、かきフラ

かす汁 470
柳川なべ 980
湯どうふ 500
ホルモン焼 720
かきフライ 750
牛ステーキ 770

イ、牛ステーキ、鰻ざく、ほたて貝照焼、おでん（四品）、豚バラにんにく焼、すじ肉煮こみこんにゃく、ぶた天……。酒ビール、ハイボールの宣伝ビラもべたべた貼られる。こういうものをすべて取り払ってワインバーにでもすれば、若い女性が大喜びするおしゃれな店になるのにとインテリアデザイナーは悔しがるだろう。

客もまた同じ。丸テーブル奥はジャンパー姿のオヤジ五人が怪気炎、隣は金髪ヤンキー三人とまじめ学生風カップルが相席。床にかばんを置いた背広のサラリーマンとリタイア風先輩らしきが話し込み、入口近くはなんだかよくわからない若い男女グループだ。カウンター席はくたびれた中年夫婦が向かいあい、女性二人は年配と若いのが話し込み、あとは憮然と座る一人オヤジばかりだ。その端に私、向かいの若いのはスマホとにらめっこ。まあ、しゃれた客はだれもいない大衆食堂居酒屋だ。

食堂と強調したいのは、ここは昼十二時から夜九時まで通しの営業で、昼は定食やラーメンの客の脇ではやくもおでんで一杯のオヤジもいる光景が普通だからだ。名物はオムレツ＋カレーの〈オムカレー〉、女性なら二人で分けるほど超大盛の〈あんかけビーフン〉。京都のこってりラーメンが苦手の私にここの昭和の東京支那そば風〈中華そば〉は、酒のあとに重宝する。

ただいま午後三時。今来て前に座った若いカップルの女性（美人）は、ハンバーグ・海老フライ二本・スパサラダにごはん・みそ汁・漬物がついて格安九百円の〈スタンド定食〉、男（ハンサム）はでっかいオムライスのまわりを特製デミグラスソースでなみなみと満たして小さなハンバーグも添えた、ボリュームたっぷりの〈デミグラ丼〉だ。私は〈生ビールジョッキ〉と〈かきフライ七五〇円〉。フライは五個、野菜にマヨネーズたっぷり、スパサラダも添えられ、まさに学生街のかきフライ。

カリリ……、キュー……。

これでいいのだ。

ここのすばらしきは働くお母さん（お姉さんもいます）五人の気さくな応対だ。手の空いてるときは隅に立って何やら話しながらも目は客席を離れず、合図があるとすぐ来て「何？」と声をかける。お母さんの「たくさん食べなさいよ、飲みすぎはほどほどにね」の安心感が、若者はもちろんオヤジも老人もここに通わせる由縁だろう。皆さん、赤、緑、黒、ベージュなどカーデガンにお好みの家庭エプロンの支度もいい。この中に姉妹がいますがわかりますか？

先年、旅行先のナポリでバールに入り、太ったマダムがビールを運び、一人者は黙然と、仲間連れは話がはずんでちっとも帰らない隅で私もゆっくりしたが、その光景と変わらない。千年の古都・京都はまたモダンな町でもあり、戦災被害が少なかったため残ったレトロモダンの喫茶店や建物はいくらでもある。建物好きの私は神社仏閣よりもこの方が好きで、三条通などはその宝庫だ。

机におかれた伝票は、右書きの「スタンド」の赤い図案文字が値段数字を囲む昔からのもので、律義に「係」として担当者の名前はんこが押され、注文が届くと鉛筆で数字を囲む。両側に赤字で細く入る「御勘定は此の伝票と共に勘定場で御渡しを願ます」「不行届の点は御遠慮なく御中付下さい　電話（221）四一五六《ヨイゴロ》」がいい。〈すじ肉煮こみこんにゃく六四〇円〉

を置いたお母さんに聞いた。

「この伝票いいですね、一枚くれない？」

「それがもう少なくなってあげられないのよ、くれって人多いんだけどね」

申し訳なさそうだが、やはりほしい人がいるんだ。

平日の三時、四時という半端な時間に来ている客は、遅い食事のついでに一杯、あるいは夜の本格的な居酒屋は敬遠の人、あるいはもういいや休憩ついでに一杯飲んじゃえと立ち寄った人。今私の隣に座った女性は、生ビールジョッキをぐっとやって煙草を一本吸う仕草が大人っぽい。老若男女、一人でも仲間とでも自由自在の使われ方は、イギリスのパブ、フランスのカフェ、ドイツのビアホール、イタリア、スペインのバール、世界中どこにもある健全な酒場と変わらない。それが板についているのはモダン好きな京都の歴史だろう。こういう店も東京にはない。

伝票を持って勘定場に行き少しお話を聞いた。ここは今年で開店八十八年。このレジスターも八十八年で金銭単位は「銭」なのだそうだ。横にぎっしり貼られた豆札は常連の方々なのだろう。

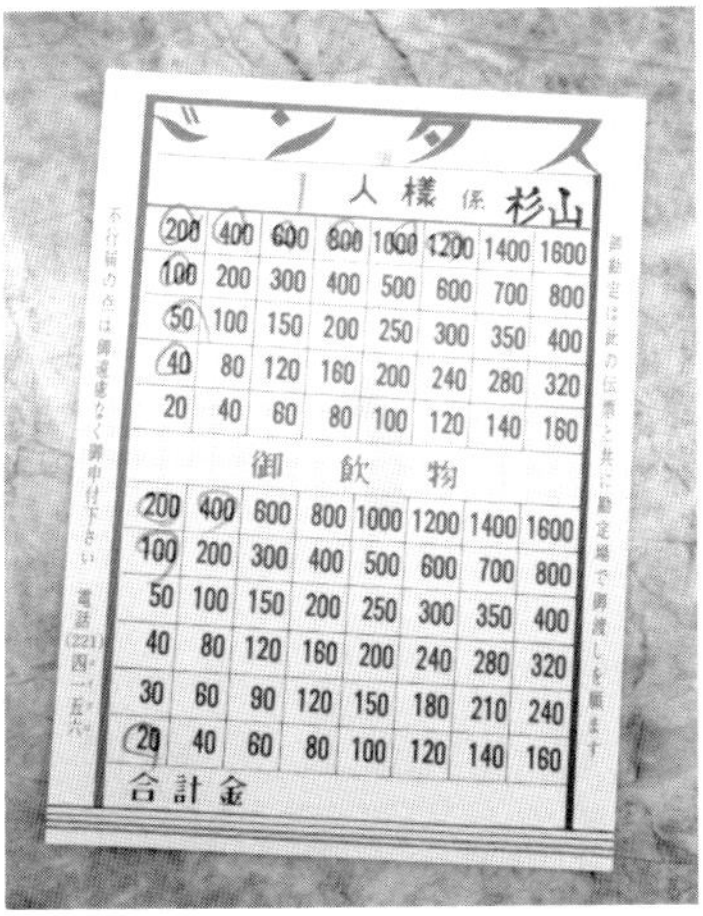

そば酒 まつもと

柳小路の小さな店

四条通の河原町やや西数軒目あたりに「花遊小路」と表示した靴店の、商品が並ぶ間はじつは抜け道通路で、その先はしゃれた辻になる。そこから続く「柳小路」は今とても魅力的だ。拍子木を五本斜めにずらした敷石組みが連続する幅一・五メートルほどの細小路はわずかに蛇行し、両側は新しい感覚の器の店、アクセサリー、和のエステ、カレーショップ、お好み焼など小さな店が続いて、若い女性はたまらないだろう。それぞれがみな古家のリノベーションで、東京あたりのデベロッパー（ケッ）とやらが作った再開発（六本木ヒルズとかあるでしょう）の味気なさとは正反対。おおげさに言えば「歴史が作った人の温もりと今の新感覚の融合」だ。これぞ京都と言いたい。

とば口に近い大きな二階建て「はちべえ長屋」に間口一間ずつ五軒入る左端、細い柳の木のたもとの「そば酒 まつもと」は、黒瓦敷きの路端に小さな長腰掛と白木酒樽。腰掛には紙一枚の品書きを置き、丸い門灯が照らす大きな白のれんは左一枚をはねあげ広いガラス戸から店内をのぞかせて、日本酒を飲ませる気軽なカウンターですよとわからせる。

「こんちは」

「いらっしゃい」

四時開店のちょい過ぎ。雨の日に空いているかと思ったがカウンター七席はすでにカップル、男同士、女性一人で埋まる。雨だし燗酒だ。

「秋鹿、お燗で」

「秋鹿の何にしますか？」

「んーと、生酒ある？」

「はい」と答えてカウンターに置いた一升瓶は「生酛秋鹿　純米無濾過生原酒　二〇一四年三月上槽」と申し分ない。

注文はまだ終わらない。

「徳利はあれね」

棚に並ぶ魅力的な徳利たちの一本を指差すと、もの静かな店主が苦笑して手を伸ばした。盃を選べる店はよくあるが、私は最近徳利も指定する（オホン）。

グレーのフードつきジャージートレーナーに焦茶の胸当て前掛、腕まくりのカジュアルな支度の若い店主は丸刈り頭、もみあげから伸ばした薄髭は顎まで続いてつながり、まじめな目つきは修行僧のようだ。厚い錫《すず》のちろりに温度計を入れて燗した酒は慎重に一口含んで燗具合を確かめ、それから徳利に移し替えて出す。置いた白無地平盃はこれがベストと以前伝えたものだ。

ツイー……。

やや熱燗の生み出した深い酸味とコクは秋鹿の最もよい所が出ている。ふと顔を上げると店主は心配そうにこちらをうかがっており、ちょいと盃を上げ「よし」と顎を引くとにっこりした。

おおげさでしょう。私はエラそうにするのだ（やれやれ）。

皮を残した鳥肉をヅケにして少し湯通ししたらしい〈鳥わさ〉は、生血の野性味を残してとてもおいしく、秋鹿にぴったりだ。ようしうまく行ってるぞ。

ここは店の手作りのしつらえがとてもよい。カウンターだけのせまい店を天井を高くとり、上から下げた布巻コードのアルミの笠のソケット電灯は、フィラメントが透ける大きな白熱電球で光が温かく、下の肌触りよいカウンターを照らす。中の床置き棚はちょうど一升瓶の高さで二段入るのを古道具屋で見つけたそうだが壮烈に古く、何やら絵具跡が残るのは塗料屋で使っていたものか。上の白木板を渡しただけの棚は支える腕金具が昔風で、案外今はないもの。そこに重ね並べた皿や徳利は陶器工房のよう。客席後ろの針金を折り曲げたハンガーフックは味があり、タイプ印刷を素っ気なく重ねて留めた昔風の文房具バインダーは、挟む金具に「Penco On the Old School」と浮き文字がある。昔の良品を使った手作り風は今最も人気のセンスだ。

「内装は自分でやったの？」

「ええ、金がないので工務店と相談しながらいろいろ探して」

まだ開店一年半。できてすぐ、京都在住のすてきな女性編集者に「太田さん向きの店がある」と連れられたのが最初で、その後時々来るようになった。

指名した徳利はやや訳ありだ。

京都で名の知れた人に「古美術佃」の佃達雄さんがいる。古美術はもちろんだが、人は「京都文化のいろいろ仕掛人」と呼び、佃さんが設計を監修したミニマリズム美学（最小限の表現で世界を現す手法）による「現代の茶室」風の店はどこも大きな評判となった。私はあるきっかけで知り合い（バーですが）、話などさせていただいた。

その佃さんが開店してすぐここに現れ、また後に来たとき「太田さんがここに来たら渡してくれ」と古い徳利を二本預けて行った。それからまた後、私がここで飲んでいると偶然佃さんも一人で来て、直接頂く仕儀になった。つまり一本は私の家、あと一本はここにあり、それで燗しろとなったのだ。ふっくらと厚手の磁器に富士が雄大に染められ、裏に鹿の絵と「奈良料飲組合」と入る。さすがは佃さんの目だ。

「松本さんは佃さんを知ってたの？」

「いや、人から聞いてはいましたがご本人は」

佃さんは最初に来たすぐ後にまた来て、茹でた蕎麦を上げる「ざる」はこの方がいいと一つ置いていったとか。これはいい話だ。気に入った店を見つけると自主的に目利きを働かすのは、良いと思う店は応援する京都の文化だ。

二本目を広島の「寶劍　純米超辛口　湧水仕込」にして、徳利は細身鶴首が優雅な紺地に細かい横縞のを選ぶ。バインダーに挟んだ手書きメモの品書きは、〈肴〉として酒米山田錦のぬか漬、そば味噌、ホタルイカ丸干し、わさびと焼のり長芋ポテトサラダなど。〈夜のみ〉は、おまかせ三種、鴨レバーやわらか煮、鳥もも味噌たまり焼など。〈そば〉は冷たいの温かいの各種。

ちょっと時間くださいと言われたおでんの〈鴨つくね〉は、ざらりとした黒皿に大きなのが二つ。箸で切れないほどみっしり締まった肉は柚子胡椒がぴたりと合い、鴨の味わい満点だ。赤身肉に塩、胡椒、山椒、鴨脂だけ。片栗粉を入れると柔らかくなるが使わない。寝かす時間がポイントだそうだ。〈貝柱の塩辛と山葵と海苔〉は酒のあてに格好。

隣の男二人は〈もりそば〉をあてに飲んでいる。なるほどな、蕎麦屋で、そばを食べる前に一杯やるのを「そば前」と言うが、べつに「前」でなくてもいいんだ。真似した、極細切りが清冽な蕎麦はよく締まった強い腰がおいしく、これもオツだ。

男二人と入れ替わりに来た若い女性二人はちゃんと日本酒を吟味している。ここは女性客がとても多く、松本さんは「こうなるとは思わなかった。女性でも昼から蕎麦で一杯が多いのに驚いた。カウンターに老年から若い女性まで横並びでにこやかに飲み、話している光景が好きだ」としみじみ。

「わかった！」

「え？」

「たつみじゃ、いやな人がここに来るんだ」

「そんな（笑）」

ほとんど隣にある、京都が誇る立ち飲み大衆酒場「たつみ」（114頁）はセンスもヘッタクレもないところがいいが、若い女性はこちらかな。

「ごめんください、あ、いた！」

傘をたたんで現れたのは私にここを教えた京都在住の女性編集者で、すてきな女性も一人連れている。行くかも知れないと言っていたがそうなった、これはいい展開だな。

「かんぱーい」ぐぐぐと最初はビール。「太田さんは何本目ですか？」「あのえと三本目」「顔赤いです」「いやその」威張っていたおいらも形なしだ。

いつしか柳小路の話になった。小路の真ん中に、舟板と赤煉瓦を腰に名主のように建つ大きな民家居酒屋「静《しずか》」は、大昔から京都大学生伝統のたまり場で、名物の出汁巻を肴に飲みながら若い議論を重ねる学生の登竜門であり聖地だった。「知の巨人」加藤周一は、ここで市井の旦那や市民を相手に飲みながら語る会を続け、『居酒屋の加藤周一』（かもがわ出版）という名著になった。私も昔入り、二階まで壁を埋め尽くす壮烈な落書きの中に、おそらく京大西部講堂公演後に来店した唐十郎の筆跡をみつけた感動を忘れない。しかし松本さんによると最近はあまり学生も来なく、休んでいる日も多いらしい。

「これではイカン」酔った私は声をあげ女性編集者に迫った。「静で定期的に飲む会を開こう、参加者自由、酒はオレが用意する、肴は各自実費、毎回ゲストは君が選んでくれ」

「いいですね、名前は？」

「んーと、太田和彦と飲む会」

「それじゃ人は来ません」ダメか、まあまあと話は続き、酒もすすんだ……。

酔っぱらってお先にと出ると雨はまだ降っている。傘をさして歩きながら考えた。東京には「そば酒　まつもと」のような、店主の志と、それを温かく見守る人がいる小さな店はない。もしあればマスコミだの芸能人だのが寄ってたかってだめにしてしまうだろう。文化のちがいだな。

酒亭ばんから　青春の先斗町

先斗町《ぽんとちょう》に「ますだ」（54頁）ともう一つなじみの店あり。二十一番ろーじ（路地）の「酒亭ばんから」は木屋町の居酒屋「ばんから」が、日本酒に特化した小さな店をと、しばらく前に開いた。

「こんちは」

「あ、いらっしゃい」

一番客。まだ支度が整っていないようでとりあえずビール。お通しは紺の葡萄柄小皿に、〈湯葉のゼリー寄せ（直径三センチの黄色ミニ鉢）、菜の花白和え（おかめ形白鉢）、ほたるいか酢みそ（瑠璃色皿）〉がひとくちずつ盛られて春の集いだ。これは酒だな。私の定位置のカウンター端は筆字の酒品書きが貼られて都合がいい。

「本日の冷酒　天の戸　残草蓬莱　亀齢萬年　初桜……」「常温または燗　竹雀　瑞冠　神亀　萩の露……」「京の地酒　弥栄鶴　蒼空　招徳　神蔵……」まあ地酒で始めるか。

「京の春、お燗で」

「はい」

おでん艚《ふね》横が燗つけ場で慎重に温度計を差し込む。店は刈り上げ頭に白調理着の大柄の大将、草刈民代さんに似た細身がすてきな奥さん、細面が初々しいアルバイトらしい若い女性の三人。女性はともに長い黒髪を後ろに束ね、黒の長袖Tシャツから鶴のように伸びた白い首筋、襟足がきれいだ。

「ようっ」と常連風に入って来たのは中年夫婦。カウンターの向う端に座り「鷹勇」と〈赤貝と九条葱のてっぱい〉を注文。これはよい選択だ。男の方が訊いた。

「てっぱい、ってどういう漢字書くんだい」

なるほど私も知りたい。大将答えるに、丸くふくらんだ葱を叩くとパンと破裂音のすることがあり「鉄砲和え」を略して「てっぱい」、だから漢字はない。「へえ」「なるほど」その人と私が同時に答え顔を見合わせ笑う。客は店のアルバイト生と話し始め、その女性は京都大学生とわかった。

注文した〈いさきと太刀魚の造り〉の包丁仕事がすばらしい。いさきは、黒の細かな編み目の皮にざっくりと切り込みを入れて赤い血合いをのぞかせ、身は白に近いピンク。あたかも太腿に黒の網タイツを穿き深紅のガーターベルトを締めたごときセクシーさ（いい表現でしょう）。焼霜造りの太刀魚は細い厚切りを〆〆〆の形に交互に重ね、あたかも露な脚を高々と上げた宝塚ラインダンスのごとき華やかさ（これもいい表現です）。盛った透明角ガラス皿はもう夏だ。

私は大学で教えていたことがあり学生に興味がある。次の酒「旭若松」を渡されたときアルバイト生に声をかけた。

「あなたは学部はどちら？」

「工学部の化学工学です」

そう言われてもわからない。化学プラントの設計などとか。これはこう聞く方がいいな。

「卒論のタイトルは？」

これが長く「触媒装填型プレート型リアクターを用いたメタノール転換反応操作」。

？？？？　簡単にはメタノールから水素を作る研究という。「エネルギー革命で水素が注目されてるんだってね」と知ったように答えたがそれまで。「教授の評価は？」とつまらぬことを聞くと「ほどほどでした」と恥ずかしそうににっこり。その目の輝きは汚してはいけない純粋がある。いま四回生で春から院に進むそうで「優秀なんだねぇ」は私の心からの本音だ。

奥さんに「二階にもう一人京大生がいるんですよ」と聞いて、止せばよいのに靴を脱いでのこのこ見に上った。その女性も同じ黒Tシャツで清潔な丸顔が初々しい一回生。やはり化学工学で、ここに来始めたばかりだが偶然同じ学科の先輩がいたのだそうだ。

「いい娘さんじゃない」降りてきて（いそがしいことです）奥さんに言った。彼女は人に連れられてこの店に来た後、自らバイトを志願して来た。きっと大将と奥さんの人柄にひかれたのだろう。昼は京都では有名な喫茶店「からふね屋」チェーンの京大近くの店でもバイト。お金をためて海外に行く決意とか。まだ一回生、それはおおいに結構だ。

いいなあ若い人。二人ともにこにこしているけれど横顔はやっぱり知的で、自分のものをしっかり持って余計なことは言わない。居酒屋のバイトでも水商売に流されない自覚がはっきり見える。そんな二人をわが娘のように見ている奥さんもいい。その女三人をしっかり見守る大将もいい。ここは私の理想の店だ。

今の時季だけの〈氷魚みぞれ酢〉の氷魚とは稚鮎の白い細身の釜あげ。白い大根おろしに小さく切り混ぜた青紫蘇は雪から芽を出した青草の如く、まさに早春の朝の輝きだ。

「いらっしゃい」

入ってきた女性二人はそろって白いセーターのまだ高校生のようで、この店にはふさわしくないように見える。私のすぐ左に座り、さっそく品書きに首っ引き。酒類は注文せず水だ。私は「いいの？」と言うように奥さんの顔を見たが、予約客らしくべつだん驚いていない。しばらく様子を見ていたがたまらずおせっかいな口を出した。

「旅行？」

「そうです」

「大学生？」

「はい」

白兎のような素直な目にたじろぎつつ、またしても大学センセイ癖が出た。東京から来た二人は小中一貫校で下から高校まで一緒の仲良し。卒業してそれぞれ別の大学に進学。一年が過ぎて二人で京都旅行に来た。この店はこれで見てと雑誌「an・an」を出し、ネットで予約したそうだ。その紹介記事は居酒屋だが、酒は飲んだことがある程度とか。もの怖じずというか知らずにというか、平気で入ってたじろがず、隣のオヤジに話しかけられても疑わない純真さには気をつけてものを言わねば。

「あなたの専攻は何？」

「デザイン学科、ＩＤです」

「ほう」。ＩＤはインダストリアルデザイン、工業デザインだ。先生だれ？　と聞いて数人をあげるが知らない。無理もない、こちらは現役を引いたロートルだ。自分は某大学でグラフィックデザインを教えていたと話すと興味をもち、一年生にはどう教えましたかと質問してくる。自分の受けた授業と照らし合わせてみたいようだ。もう一人は医学部。父が歯科医で「継げとは言われなかったが」自然にそうなったそうだ。こちらは六年かかる。二人ともこれからだ、いいなあ。

二人の注文は〈かきの松前焼〉〈豆腐の酒盗チーズ焼〉〈焼茄子生姜あんかけ〉と酒に合いそうなものばかりでわが酒を奨めたいが。

「お酒の肴ばかりだね」

「母がよく飲むんです」

伊香保温泉に家族旅行したとき、ある店でお母さんは日本酒三種のブラインドテストに挑み、三つとも当てて恥ずかしかったとか。

「ははは、いいじゃない、お父さんは？」

「父は缶ビールいっこで真っ赤です」

「そうかあ」

トイレから戻るとアルバイトの京大生とその二人はすぐ打ち解けていて「どこ行ったの？」「金閣寺と……」などと話している。若いっていいなあ。

「あの」と私への二人の質問は「明日帰るけれどまだおそばを食べていない、どこかいい店知りませんか」。これはよくぞ聞いてくれた。

「錦小路、知ってる？」

京都の有名な市場を知らないそうで、あそこを歩けば楽しいのは確実。その錦天満宮寄りの「まるき」の地図を丁寧に書き、おすすめは鴨なんばん、または親子丼おそばセット、「太田さんという人に聞いてきたと言いなさい」とおせっかいも書いた。私はそこの常連で昨日の昼も入り、店の姉さんと軽口たたいてきた。

「ありがとうございます、必ず行きます」とメモをにぎりしめて二人は帰り、入れ替わりに欧米外国人カップルが来て座った。二人は全く日本語はできないようだ。奥さんが応対するが細かいところはおぼつかず互いに苦笑。すると脇から遠慮がちに女子アルバイト生が口を添えた。その見事な英語にカップルの二人はたちまち生気をとりもどし、冗談も交じったらしく声を上げて笑う。やるなあ。

——私は酒を追加した。もうしばらくここを楽しもう。

東京で酒を飲んでいてもこんな出会いはついぞない。学生を大切にする町京都は学生が酒を飲むことに寛大で、居酒屋のアルバイトにも理解がある。それはチェーン店バイトのような使い捨てではなく「働いて学ぶ」ことへの支援だ。ここの優秀な女学生二人もやがて立派になり、またここを訪ねてくることだろう。青春の先斗町へ。

名前を聞いたIさんは間もなく卒業式を迎え、四月からは院に進む。春休みは卒業旅行？と聞くと、三重の実家に友達を呼んだとにっこり笑った。いいなあこの返事。Iさんをいつまでも見守ろう。

たつみ　京都不動の大衆酒場

京都で最も有名な交差点は四条河原町。東京で言えば銀座四丁目。交差点には髙島屋と丸井(旧阪急百貨店)が君臨するが、すぐ向かい裏の、寺町に通じるごちゃごちゃしたあたり、通称「裏寺」は、新感覚のショップが並び若い人に人気のエリアになっているのが京都のおもしろいところ。その裏寺の中心三差路角に、あたかも四条河原町における髙島屋のごとく君臨するのが、京都の酒飲みで知らぬ者のない大衆居酒屋「たつみ」だ。昔は銭湯だったそうで左右に入口があるのはその名残り。その後「万長酒場」を経て今になった(万長酒場は三条にあり、ニュー万長酒場もある)。

たつみは昼十二時から夜十時まで通し営業。私はいつも左の入口から入る(なんだかそちらが女湯のような気がして、へへへ)。戸を開けて一歩すぐそこの立ち飲みカウンター端が定位置だが今日は先客がいて、すぐ右隣に立った。冬のことゆえ厚手のオーバーと肩掛けカバンをカウンター下の棚に突っ込むが狭くて落ちそうだ。この店は壁にフックがなく、そのためかどうか客は皆、オーバーも着ぶくれたダウンジャケットも肩カバンもそのままに立って飲んでいる。立ち飲みとはそういうものか。

すべての壁を隙間なく埋め尽くすのは黄色い品書きビラだ。上着掛けちゃ見えなくなるのでフックがないのかも知れない。するめいか造り、かつお造り・たたき、カレイ煮付、ねぎとろ、焼ねぎ、里芋まんじゅう、さつま揚げ、こんにゃく田楽、あさり酒蒸し、小鯛笹漬け、小芋煮付、かれい煮付、焼鳥タレ塩、鳥肝煮、あなきゅう、いもぼう、もずく、魚そうめん……。さらにとろろごはん、鯖へしこごはん、あさりみそ汁、とうふみそ汁。みそ汁を頼む人は案外多く淋しき独身者かと思うとほろりとさせられる。いちばん安いのは〈ポテサラ一八〇円〉。〈天然ぶり造り七二〇円〉は高い方。しかし堂々〈とらふぐてっちり三二〇〇円〉もある。冬の今のおすすめ〈たつみ特製かす汁三二〇円〉は濃厚な味噌味で温まり〈キムチプラス五〇円〉にするとなお良いだろう。

「居酒屋肴大全集」という本を作るのならここだけで間に合う。人気は〈野菜天ぷら三八〇円〉でつねに誰かが食べている。他にごぼう、ちくわ、なると金時さつまいも、ふきのとうに、トマト天は異色、好みの魚を揚げる盛合せ（上・並）もある。天ぷらは常時ガス台一つを占領して油を温めておかねばならず、居酒屋でやるところは少ない面倒な料理だ。さて注文。

「ビール生と野菜天」

「はい、塩とだしありますけど」

「だし」

「野菜天だし一丁！」

厨房に声を飛ばしながら手元の伝票に品名を書き、上に酒のキャップを置く。品が届くとキャップをどかして線を引く。キャップは「これまだ出てないよ」のサインだ。

ングングング、プハー……。

うまいのう。届いた野菜天は皿に半紙を敷き、串刺しの玉葱・茄子・椎茸・ししとう・舞茸・ごぼう・さつまいも・ちくわ。大根おろしをたっぷりの天つゆに浸して、まず玉葱からサクリ。やっぱり揚げ立てはうまいのう。

カウンターはここから右にコの字に回り、向こう側は座席になる。さらに奥の広い部屋はぎっしりの机席で小さな小上りもあり、こちらは仲間連れで満員。左先は広いガラス窓で外が見え、逆に通行人がうらやましそうにのぞいてゆく。こちらで立って飲んでいるのは一人客がほとんどだが、立つ方がいい中年カップルもいて好ましい。ここで飲む女はいい女だ。紙おしぼりをきれいに四つに畳んでチューハイのコースターにする人。自分の使ったカウンター前をそれで丁寧に拭いて帰る人は我が家と思っているのだろうか。立ち飲みの人は放心しているようでもあり、なんとなく互いを見ているようでもあり、店は人の世の縮図だ。

白衣できびきび働くのは学生バイトばかり。私の隣の男が「あんたは今度は土曜か」と話しかけ、学生が答えた。

「いや旅行するんでちょっと休みます」

「へえ誰と？」

「誰と誰と誰と……」

「ええ、じゃみんな休みか、大丈夫？」

「交替組みました」

ここの仲間の卒業旅行について行くとか。常連は彼らと顔見知りのようだ。私もべつの一人に話してみよう。

「君は大学はどこ？」

「京大です」

「学部は？」

「総合人間学部の一回生です」

「ほう」。私は京大びいき。アフリカでゴリラを研究している山男然とした新学長にも好感をもった。新設の総合人間学部は、文科省御用達の実学に走る東大型を排し、哲学、教養、社会学の立場で人間を研究するリベラルアーツのまことに大学本来の姿だ。たつみのバイトは京大と京都産業大の学生でシフトが組まれ、卒業すると後輩が継ぐ持ち送りが伝統という。就職試験で「たつみでバイトしてました」は誇れるかもしれないぞ。

「名門バイトじゃないか」

「いえ、あまり人には言ってません」

「ははは、がんばれよ」

「はい、ありがとうございます」

若い奴はいいなあ。

左隣が帰ったのを幸いそちらに移動した。ここは料理差し出し口の前でつねに店員がいて注文が簡単。正面上には音を消したテレビ、後ろからは細くBGM、店全体が見渡せる絶好の場所だ。そして懐かしきはカウンターの狸置物。大きな方は右手に大徳利、左手に大判小判の袋とご機嫌。小さい方は背中のつづらに割箸を背負い、腰のかごには爪楊枝といじらしく働く。いいなあこの狸公。「先斗町 ますだ」(54頁)、「櫻バー」(88頁)など京都の居酒屋に狸置物をよく見るのは信楽焼窯場が近いからか。

さて次の注文。当店は定番だけでなく季節の肴を熱心に置くのがたいへん優れている。今なら〈特選播州赤穂酢がき六五〇円〉〈富山湾滑川ほたるいかボイル・天ぷら五二〇円〉〈香住産(カニ身)紅ズワイガニ五〇〇円〉〈京都産菜の花おひたし二八〇円〉あたり。〈珍味いかの子煮付三八〇円〉も気になるが、やはり〈新子(かますご)三八〇円〉だ。

関東で「新子」は小肌の走りの小さいのを言うが、それと間違えぬよう(かますご)と注釈したのだろう。関東でコウナゴと言う小さな白い小魚イカナゴを関西人は珍重し、その佃煮「クギ煮」は神戸では家庭でも大量に作り親戚などに配る。げんに〈いかなごくぎ煮三〇〇円〉もある。そのイカナゴが一〇センチほどに成長したのが「かますご」で〈かますごボイル・天ぷら・南蛮漬三八〇円〉もある。

「新子とひれ酒」

「新子は酢味噌とぽん酢があります」

「ぽん酢」

小鉢に敷いたきゅうりにたっぷり山盛りのにょろりと細い「かますご」は、おろし生姜がぴ

たり。「ちょっとお時間いただきます」と言っていた〈とらふぐひれ酒七〇〇円〉はふぐひれを炙り、ガラス瓶酒をお湯で超熱燗にするためだった。ひれ酒専用蓋付茶碗に焦げたひれを投入し、超熱燗をなみなみに注ぐとほわりと上る香ばしさ。

キュー……。

ああもう言うことなし！

ここから見える正面カウンター端に座る大柄いかつい一人男はロシア人の風貌だ。飲んでいるのはチューハイでウオツカに似るのかもしれない。初めは目つきが鋭かったがそのうち顔が赤くご機嫌になってきた。厨房から出てきた白髪を束ねたおかみさんに「ママサン、キョウノヤキトリシオ、ゴツイオイシイ」と声をかけるが、おかみは「はいはい」と軽く受け流す。

今私の隣に来た老人は決めているように「ぬる燗と奈良漬」と渋い注文だ。へえと思っていると五分後にはもう勘定五六〇〇円を払い、私に声をかけた。

「ひれ酒、いい匂いしますな」

「や、うまいです」

「ごゆっくり」

なんと粋な客。一枚もらって財布におさめていたピンクの「サービス券」は私も何枚かあるはずだ。文面「この券10枚にて甲一酒壱桝サービスいたします。たつみ」の意味を確かめようとしているがまだ果たせていない。

こんどは厨房から主人がヤットコと新品蛇口を手に出てきて、目の前の水道蛇口を器用に交換し始め、のぞき見た。

「このパッキンが二、三ヶ月でへたるんですわ」

取り換えた蛇口を数回左右に振り回して試し、もうひと締めしてはい終わり。満員酒場も忙しいことだ。

正面上のテレビは大相撲。荒れる大阪場所だけあってばたばたした取り組みが続く。土俵に上がったのは初日から二連敗と期待を裏切っている稀勢の里の三日目。仕切る目つきが考え込むようにうつろだ。

さあ立ち上った。当たった、押した、押した、押し切って吹っ飛ばした。

勝ち名乗りを受ける表情はうって変わった安堵が見えた。

左上のスピーカーから細く聞こえてきたのは越路吹雪の「ラストダンスは私に」。

♫どうぞ踊ってらっしゃい　私ここで待ってるわ……

いいなあコーチャン。

♫けれども私がここにいることだけ　どうぞ忘れないで……

不覚にも目からナミダ……。おいらには「たつみ」がある。ラスト酒場たつみがある。

あとがき

京都の茶道美術図書出版・淡交社の方がわざわざ東京まで来て、京都の居酒屋本を書いてほしいと言われたときは緊張した。たまに行く私などではなくても、詳しい地元の方が大勢いるはずだ。要望は、ガイドではなく、一つの店について長いエッセイをということだった。それならできるかもしれない。

一週間ほどの予定をとり、まずはなじみの店の取材から始めたが、すぐに簡単ではないとわかった。店から一歩も出ることなく一編のエッセイをまとめるには、何かが見えてくるまで居なければならない。酔っては何もならない。写真も撮れと言われている。「という、良い店でした」では終われないのだ。しめしめまた京都に行ける、よい機会だから初めての店も入ってみるか。そんな腹で引き受けたが、そうは問屋がおろさなかった。

つごう三度の入洛。二度目からはホテルにパソコンを持ち込み、夕方から取材に出る以外は、未明に起き、日中は昼食以外にホテルから一歩も出ることなく、昨夜の取材の原稿を書いた。せっかく京都に来ているのにどこにも行けないが、もちろん仕事で来ているのである。編集者は「ほんとにやってるのか」と偵察するようにホテルに訪ねてきた。それを東京に持ち帰り、冷静な文に整えた。

終えてみれば昔から何度も通っている店ばかりになったが、それは当然の結果かもしれない。二度、三度足を運んで知っているだけで書けるものではなかった。

私には「ひとつの店を臨場感をもってながく書く」という新ジャンルになり、「京都に行ける」だけではない望外の収穫となった。東京の私の事務所まで足を運び、依頼してくださった編集者・神野さんにはとても感謝している。

＊

京都の居酒屋の特徴は、客がそこを「自分の店」と思い大切にしていることだ。店の雰囲気や居心地が変わらず続くよう、その店にふさわしい「酒品」をこころがけ、他の客の模範となる矜持をもつ。必然、店もおなじみさん重視になり、そういう間柄で何代も続く。新しい有望な店は「育てるように」通う。東京の客は「あっちのほうがうまい」「今テレビで話題の店」などと、店を自分の価値で大切にしない田舎者だ。

よい歳になってますます京都に行くようになったのは、こういうことで続いている世界が居心地よくなってきたからだろう。東京でそれをすればよいではないかとも言えるが、東京はあまりに広すぎ、電車に乗って居酒屋に通ってもはじまらない。市内のホテルに宿をとり、歩いて飲みに出て、歩いて帰る京都通いはますます続きそうだ。人生最後のぜいたくだ。

二〇一五年五月　　太田和彦

掲載店一覧

お店のデータは２０１５年４月現在のデータです。定休日、営業時間等が変更となる場合もありますので、事前にご確認下さい。なお（L.O.）はラストオーダーの略です。

神馬 ☎０７５-４６１-４３２２（３６３５）

京都市上京区千本通中立売上ル 西側
17時～21時30分／日曜休
カウンター16席、テーブル14席
予約可

めなみ ☎０７５-２３１-１０９５

京都市中京区木屋町通三条上ル 東側
17時～22時30分（L.O.）／日曜休（月曜が祝日の場合、日曜営業、月曜休）／カウンター８席、テーブル４席、小上り８席、座敷22席、個室４席／予約可 全席禁煙

祇園きたざと ☎０７５-５６１-０１５０

京都市東山区花見小路通四条下ル、３筋目西入、１筋目下ル 東側
17時～23時（22時L.O.）／火曜休／カウンター７席、座敷38席（個室含）／予約可 個室以外禁煙

赤垣屋 ☎０７５-７５１-１４１６

京都市左京区川端通二条下ル
17時～23時／日曜、日曜に続く祝日休
カウンター11席、小上り５席、座敷２部屋
カウンター以外は予約可

魚とお酒 ごとし ☎０７５-２５５-４５４１

京都市中京区高倉通二条下ル 東側 EDU高倉１F
18時～翌２時／月曜休
カウンター10席
予約可

先斗町 ますだ ☎０７５-２２１-６８１６

京都市中京区先斗町通四条上ル（15番路地角）
17時～22時（21時L.O.）／日曜休／カウンター８席、小上り４席、テーブル６席（１F）、広間12席、小間４席（２F）／予約可 カウンター禁煙

食堂おがわ　☎075-351-6833
京都市下京区西木屋町通四条下ル
（河原町通四条下ル、2筋目東入 北側）
17時〜23時（22時L.O.）／水曜、月末の火曜休
カウンター13席／予約可　全席禁煙

小鍋屋いさきち　☎075-531-8803
京都市東山区巽小路通新橋上ル 東側（西之町232―5）
18時〜翌3時／日曜、祝日休
カウンター8席、テーブル8席
予約可

蛸八　☎075-231-2995
京都市中京区蛸薬師通新京極西入
18時〜23時／日曜休
カウンター11席
予約可

櫻バー　☎075-531-1664
京都市東山区大和大路通五条上ル 西側
17時30分〜24時（L.O.）／日曜休
カウンター10席、小上り8席
予約可

京極スタンド　☎075-221-4156
京都市中京区新京極通四条上ル 東側
12時〜21時（L.O.）／火曜休
カウンター20席、テーブル21席
土曜、日曜、祝日は予約不可

そば酒 まつもと　☎075-256-5053
京都市中京区裏寺町通四条上ル、
1筋目西入、柳小路上ル 西側
12時〜14時、16時〜23時（22時L.O. そばは売切仕舞）
火曜休／カウンター7席／予約可　全席禁煙

酒亭ばんから　☎075-221-5118
京都市中京区先斗町通四条上ル（21番路地奥）
17時30分〜23時（22時30分L.O.）／火曜休
カウンター8席、テーブル17席
予約可

たつみ　☎075-256-4821
京都市中京区裏寺町通四条上ル 西側
12時〜21時（立ち呑みカウンターは〜22時）／木曜休
カウンター20席、テーブル24席
予約不可

京都居酒屋MAP

ザ・リッツ・カールトン京都
二条通
魚とお酒ごとし（P47）
赤垣屋（P33）
京都市役所
京都ホテルオークラ
川端通
京都市役所前駅
御池通
御池大橋
万長酒場
姉小路通
めなみ（P18）
地下鉄東西線
三条京阪駅
三条大橋
三条通
高瀬川
三条駅
河原町通
先斗町歌舞練場
縄手通
鴨川
六角通
木屋町通
先斗町通
古門前通
裏寺町通
寛永堂
新門前通
京阪本線
蛸八（P76）
巽小路
小鍋屋いさきち（P69）
蛸薬師通
WC
辰巳大明神
巽橋
寺町通
新京極通
白川
まるき
錦天満宮
先斗町ますだ（P54）
そば酒まつもと（P100）
切り通し
柳小路
京極スタンド（P95）
酒亭ばんから（P107）
花遊小路
静
たつみ（P114）
八代目儀兵衛
河原町駅
四条大橋
四条通
祇園
一力亭
藤井大丸
京都髙島屋
京都マルイ
西木屋町通
木屋町通
祇園四条駅
南座
廣島屋
西花見小路通
花見小路通
大和大路通
萬屋
食堂おがわ（P61）
団栗橋
祇園きたざと（P26）
祇園甲部歌舞練場
仏光寺通
宮川町筋
川端通
櫻バー（P88）
建仁寺

千本釈迦堂
北野天満宮
千本今出川
上七軒
今出川通
北野天満宮前
千本通
七本松通
六軒町通
浄福寺
とようけ茶屋
御前通
大将軍八神社
神馬
(P9)
千本中立売

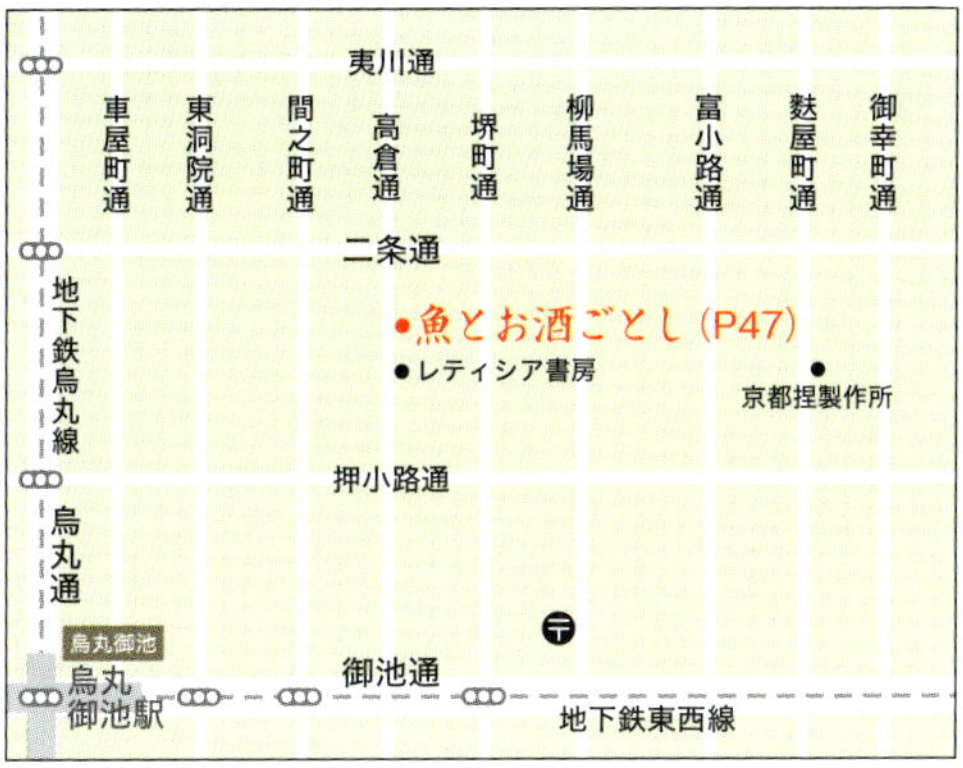
夷川通
車屋町通
東洞院通
間之町通
高倉通
堺町通
柳馬場通
富小路通
麩屋町通
御幸町通
二条通
地下鉄烏丸線
魚とお酒ごとし (P47)
レティシア書房
京都捏製作所
押小路通
烏丸通
烏丸御池
御池通
烏丸御池駅
地下鉄東西線

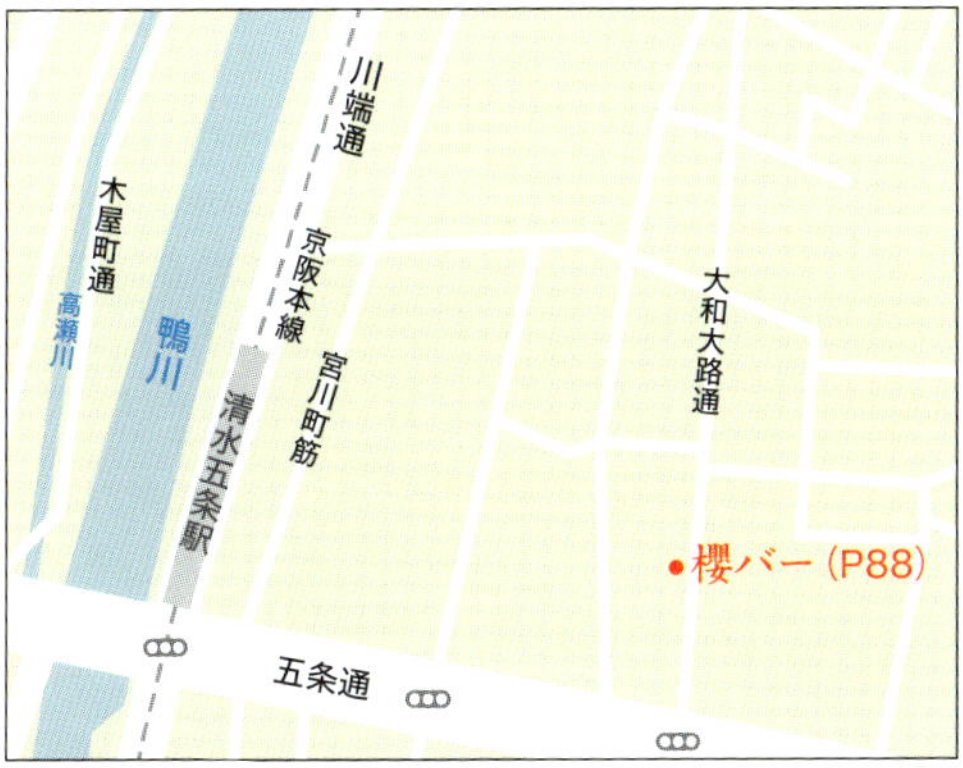
川端通
木屋町通
高瀬川
鴨川
京阪本線
宮川町筋
大和大路通
清水五条駅
櫻バー (P88)
五条通

太田和彦（おおた　かずひこ）
グラフィックデザイナー・作家。1946年生まれ。資生堂アートディレクターを経て独立し、アマゾンデザインを設立。後に東北芸術工科大学教授も勤める。『ニッポン居酒屋放浪記』『居酒屋百名山』『男と女の居酒屋作法』『居酒屋吟月の物語』『ふらり旅　いい酒　いい肴』『居酒屋を極める』など居酒屋や旅に関する著作多数。

京都を愉しむ
京都、なじみのカウンターで
平成27年6月22日　初版発行

著　者　太田和彦
発行者　納屋嘉人
発行所　株式会社　淡交社
本社　〒603-8588　京都市北区堀川通鞍馬口上ル
営業（075）432-5151
編集（075）432-5161
支社　〒162-0061　東京都新宿区市谷柳町39-1
営業（03）5269-7941
編集（03）5269-1691
http://www.tankosha.co.jp
印刷・製本　図書印刷株式会社

ISBN978-4-473-04028-2